目次

004	はじめに	008	【HOW TO 1】	絶景旅の計画、どうやって立てる？
006	本書の使い方	010	【HOW TO 2】	アプリを使えば旅はもっとかんたんに
		012	【HOW TO 3】	旅の荷物、何を持っていく？
		014	【HOW TO 4】	旅のファッション、どうする？
		016	【HOW TO 5】	絶景旅のお悩み解決します！

018　詩歩が行ってきた！　世界を旅して絶景めぐり

020　絶景01　レイク・テカポの星空（ニュージーランド）
025　　　　　レイク・テカポの星空の鑑賞のコツ
026　絶景02　ランペドゥーザ島（イタリア）
031　　　　　"空飛ぶ船"を探せ！　絶景ハンティング秘話
032　絶景03　アンブレラ・スカイ・プロジェクト（ポルトガル）
037　　　　　アンブレラ・スカイ・プロジェクトは夜もおすすめ

038　絶景ガイドベストシーズンカレンダー

040　絶景04　恋のトンネル（ウクライナ）
044　絶景05　ワット・パークナム（タイ）
048　絶景06　イエローナイフのオーロラ（カナダ）

052　留学しながら絶景旅へ

054　絶景07　ドブロヴニク（クロアチア）
059　　　　　ドブロヴニクで見た人生最高の夕陽
060　絶景08　ダナキル砂漠（エチオピア）
065　　　　　本当に過酷だった！　ダナキル砂漠ツアーの裏側
066　絶景09　バリ島のバリスイング（インドネシア）
071　　　　　意外と怖い！　バリスイング体験記

072　こんな絶景ありますか？　世界編
074　絶景の魅力が伝わる写真の撮り方
078　自然がもたらす奇跡の風景
080　　桜の絶景
082　　紅葉の絶景
084　　動物の風景

086	詩歩が行ってきた！　日本を旅して絶景めぐり	158	おわりに

- 088　絶景 10　SORA terrace（長野県）
- 092　　　長野の絶景旅プラン
- 094　絶景 11　鶏足寺の紅葉（滋賀県・京都府）
- 098　絶景 12　国営ひたち海浜公園のネモフィラ（茨城県）
- 103　　　"いばらき"は夏〜秋も見所いっぱい！

- 104　日本全国 花の絶景ごよみ

- 106　絶景 13　真名井の滝（宮崎県）
- 110　　　宮崎の絶景旅プラン
- 112　絶景 14　弘前公園の花筏（青森県）
- 116　　　青森の絶景旅プラン
- 118　絶景 15　青い池（北海道）
- 123　　　冬も訪れたい！　雪降る美瑛の絶景

- 124　絶景温泉へ行こう！

- 126　絶景 16　SENDAI光のページェント（宮城県）
- 130　絶景 17　角島大橋（山口県）
- 134　絶景 18　父母ヶ浜（香川県）

- 138　都会のフォトジェニックスポット

- 140　絶景 19　服部農園あじさい屋敷（千葉県）
- 144　　　千葉の絶景旅プラン
- 146　絶景 20　都田駅（静岡県）
- 150　絶景 21　星峠の棚田（新潟県）
- 154　　　新潟の絶景旅プラン

- 156　こんな絶景ありますか？　日本編

はじめに

『死ぬまでに行きたい！世界の絶景 ガイド編』を手にとっていただき、ありがとうございます。今回はシリーズ6冊目。これまでと異なる新しいアプローチの本になりました。

過去のシリーズは、「死ぬまでに行きたい！」のタイトル通り、著者であるわたし・詩歩が"死ぬまでに行きたい！"と思った場所をご紹介している本でした。本の制作では、写真家のみなさんからお借りした素敵な写真をキュレーションさせていただき、本をつくるたびにわたしの「絶景ウィッシュリスト」は蓄積されていくのでした。
しかし今回は「ガイド編」。「ウィッシュリスト」の中から、わたしが実際に訪れ、みなさんにおすすめしたいと思った場所を、国内外から100か所以上ご紹介しています。「ガイド編」と名付けたのは、読んだ後にそのまま旅立てるくらいの具体的な情報を掲載し、かつ、絶景に出会う確率を上げるためのメソッドも充実させたから。"絶景"は一筋縄ではいかないもの。行きにくい場所が多いうえ、ただその地へ行くだけでは見られない、ということもあるのです。

例えば、今回表紙に掲載した「恋のトンネル」。わたしは2017年に訪れましたが、ウクライナ自体がメジャーな観光地ではなかったので、渡航前の情報収集は難航しました。ネット検索しても情報がない、ウクライナ語はまったくわからない……。結局、わずかな知識をもとに渡航し、現地で情報収集をして辿り着けたのですが、旅慣れていないと難易度が高い場所だと思いました。
イタリアのランペドゥーザ島(p26)もしかり。あの"船が空を飛んでいる"ような光景が、島のどこへ行ったら見られるのか、事前に調べてもまったくわかりませんでした。現地の人にヒアリングしてもわからず、結局現地へ行って、歩き回って、やっと探し出すことができたのです。

また、絶景は「訪れるタイミング」が大事。何度も行けない場所だからこそ、絶景に出会う確率を上げたいですよね。そこで、わたしがリアルに実践した「絶景に出会うコツ」を伝授！ 星空鑑賞なら新月の日に、雲海なら雨上がりの早朝に……。さらに逆光にならない時間帯など、写真撮影に役立つ情報も掲載していますよ。

このように通常のガイドブックに掲載されていないような、絶景へのアクセス方法＆絶景に出会うコツの両方を網羅した今回の「ガイド編」。メインの絶景とあわせて周遊できるコースも設定したので、旅に不慣れな方や個人旅行でも、この本があれば充実した絶景旅ができます！

また今回の「ガイド編」では、絶景スポットのご紹介以外にも、わたしの旅のノウハウも掲載しています。学生時代に旅に目覚めて以来、海外は50か国以上、日本は全47都道府県を制覇。今では毎週のようにどこかへ旅をしています。そんなわたしのプランニングのコツや、旅の荷物、撮影で愛用しているアイテムなどを公開しています。

特に、SNS等でよく寄せられるのが「写真はどのように撮影しているのか」という質問。カメラについてはまだまだ勉強中の身ですが、逆にプロではないわたしだからこそお伝えできる、旅と写真の楽しみ方も記しています。わたしがよくInstagramに投稿している「自分が景色の中に写り込む写真」の撮り方もご紹介していますよ〜！

インターネットの発達やLCCの普及により、個人でも気軽に旅に出られるようになったとはいえ、まだまだココロの距離が遠い「絶景」。でも、誰しもいつか行ってみたい絶景はあるはず！ そんなみなさんの背中を押す存在になれたらいいな……そう想ってこの「ガイド編」をお届けします。

詩 歩

―――――

最後に、この本を制作するにあたりご協力いただいたすべてのみなさま、掲載させていただいた施設のみなさま、情報を提供してくださったみなさま、本当にありがとうございました。また「チーム絶景」のみなさんにも、重ねてお礼申し上げます。ありがとうございました！

本書の使い方

本書はFacebookページ「死ぬまでに行きたい！世界の絶景」から誕生した書籍です。管理人の詩歩が「死ぬまでに行きたい！」と思う絶景を紹介しており、2012年の開設以来70万超のファンを集めています。

2013年には同名書籍を出版。以来「日本編」「体験編」など流行に合わせたシリーズを出版してベストセラーとなり、海外でも翻訳版が発売されています。

シリーズ6冊目となる本作「ガイド編」は、過去のシリーズと違い、詩歩が実際に訪れた場所の中からおすすめのスポットを厳選し、ご紹介しています。

特にイチオシの絶景については立ち寄りスポットも合わせて周遊コースを設定。チケットの予約方法やグルメ情報、スケジュールのコツなど、リアルな体験談を掲載しています。

掲載しきれなかったスポットは季節やテーマに合わせたコラムでご紹介。計100か所以上あるので、見頃の時期をまとめた「ベストシーズンカレンダー」(p38)などを活用して、条件に合う絶景を探してくださいね。

なお、個人でも旅行できるように、ガイド情報については細かく記載していますが、安全情報や最新の情報は必ずご自身でご確認ください。

また、個人手配が不安な方は、ツアーに参加するのも手。最近では現地発着ツアーなども豊富なので、旅行代理店に相談してみましょう。

写真から旅先を探してもよし、予算や季節などから探してもよし。ぜひあなたにぴったりの絶景を見つけてくださいね！

> **!** 旅の安全について
>
> 海外への渡航をお考えの際は、海外安全ホームページの最新情報を確認されることをおすすめします。また、危険情報が出ていない地域でも、テロや犯罪行為、感染症の流行などが起こる可能性もありますので、現地の情報収集につとめ、慎重に行動しましょう。
>
> 海外安全ホームページ
> http://www.anzen.mofa.go.jp/

Facebookページ
「死ぬまでに行きたい！世界の絶景」

https://www.facebook.com/
sekainozekkei

このページに「いいね！」を押してファンになっていただければ、更新情報を自分のタイムラインで読めるようになります。

❶ 紹介するプランに対する特におすすめのポイント。

❷ コースのスポットを楽しめる最適なシーズン(掲載写真の撮影時期以外の季節を含んでいる場合もあり)。

❸ 「たとえばこんな旅」に沿って旅行した場合の交通・宿泊費、アクティビティ料金の合計額の目安。飲食費や観光時に発生する細かい交通費などは、個人差があるため含まれていません(あくまで一例です。時期や宿泊する部屋、交通手段などにより異なる場合もあります)。

❹ 各スポットの位置を把握するための地図。

❺ 「たとえばこんな旅」の補足情報。

❻ 著者の詩歩が実際にめぐったコースをベースに、絶景並びにおすすめの立ち寄りスポットを組み込んだ旅のプランの一例。

❼ 詩歩による、旅のプランの全体解説。実体験を通して気づき、感じたことからマメ知識までリアルな情報が満載。

❽ 「たとえばこんな旅」でめぐるスポットをはじめ、グルメ・土産情報などを、詩歩が思い出や体験談を交えて紹介。

❾ 絶景に出会うためのコツや撮影方法など、より旅を楽しむためのポイントを解説。

❿ 最寄り駅・IC・空港などからのアクセス手段、所在地、参照URL。交通表記における所要時間はあくまで目安です。

⓫ 東京から旅の起点までの所要時間をはじめ、おすすめの持ち物、ホテル選びのポイント、海外なら日本との時差や公用語など、旅行の際に知っておくと役に立つ便利情報のまとめ(旅先により、項目は異なります)。

※本書のデータは、基本的に2019年5〜8月のものです。諸事情により変更になっている場合があります。実際に旅行する際は、最新情報を現地にご確認ください。

※本書の所要時間・費用・アクセス・物価は目安です。状況やレートに応じて変わる場合があります。なお、旅の予算の交通費、宿泊料金、入場料などは基本的に大人1名の料金で計算しています。

※掲載情報による損失などの責任は負いかねますので、あらかじめご了承ください。

007

HOW TO 1
絶景旅の計画、どうやって立てる?

絶景旅は事前準備が命! 旅行を100%満喫できるように、詩歩が実践している「旅の計画方法」を伝授します。

海外の場合
ポルトガル旅(p32)のケース

STEP 01 絶景を探す
旅行雑誌やSNSの旅行アカウントをチェック。気になるスポットを「行きたいリスト」に追加します。

> 友人のSNSで知った「アンブレラ・スカイ・プロジェクト」をリストに追加!

STEP 02 ベストシーズンを調べる
絶景はタイミングが大事。見頃の時期等を調べ、行く予定がなくてもカレンダーに仮入力しちゃいます。

> 公式サイトで開催期間を調べ、7・8・9月で行けそうな時期のカレンダーに仮入力。

STEP 03 行き方を調べる
レンタカーが必須かどうかをリサーチ。公共交通機関や現地ツアーで行ける場合はひとり旅も選択肢に。

> Googleマップや個人ブログで、開催場所のアゲダまでの行き方を検索。

STEP 04 日程を決める
詳細な計画へ。天候が悪い場合に備え、絶景に数回行ける余裕を。現地の祝日は店などが閉まるので注意。

> 週末限定イベントがあることがわかり、土日をアゲダで過ごす行程に決定!

STEP 05 GO!
移動と宿の手配をし、渡航ビザ有無を確認。現地の気候をチェックして荷物の準備をしたら、後は空港へ!

> 航空券も現地のバスも宿もネットで予約。ビザ不要のためパスポートだけでOK!

日本の場合
茨城旅(p98)のケース

STEP 01~03　海外と同じ

日帰りでいける身近な場所も、遠い場所も、まずはカレンダーに仮入力！ 文字にすることで実現に近づきます。

> 毎年ネモフィラを見に行くので、例年4月下旬に予定を仮入力しています。

STEP 04　天気予報を見る

絶景は天候が大事。自然風景は晴天時、雲海は雨の翌朝の無風時、イルミネーションは雨の直後を狙おう。

> 「Yahoo!天気」アプリで「ひたちなか市」を登録し、予報をチェック。

STEP 05　ツイッターで情報収集

花など旬が短い場合、リアルタイムの情報をチェック！ Twitterが一番最新情報を入手しやすいです。

> 検索ワード「ひたち海浜公園ネモフィラ」等で開花状況を見て、日程決定。

STEP 06　GO!

04&05の情報をあわせて旅行日を決定！ 混雑を避けるには、朝イチor終了間際の時間帯がgood。

> 開門と同時に入園するため、最寄りの宿に前泊。翌日に備えて早めに就寝！

プランニング&手配の裏ワザ

せっかく旅するなら、1か所じゃなく何か所かまとめて楽しみたいですよね。でも「周遊の仕方」はネットでは探しづらいもの。車がないと行動範囲も狭くなり……そこでわたしがよく利用するのは現地発着ツアーの販売サイトです。「VELTRA」（www.veltra.com/jp/）などを見れば、その国／都市の主要な観光メニューが項目別にまとまっていて便利です。現地発着ツアーなら、メインの絶景に組み合わせてスケジュールを立てやすいし、レンタカーも不要。ひとり旅でもあちこち回りやすい！

最近は電車や長距離バスのチケットをオンラインで購入できることも増えました。海外では言葉の壁もあり、直接質問したりやりとりしたりするのはハードルが高いので、なるべく日本で行き先などを調べて事前購入しています。

HOW TO 2
アプリを使えば
旅はもっとかんたんに

今やスマホがあれば現地で情報収集も可能！ 便利になったイマドキの「スマホ旅」のノウハウをご案内します。

詩歩 APPROVED おすすめ　準備にかかせないアプリ

日本・海外どちらもOK！

Skyscanner　最安値の航空券を比較して探せる。旅人御用達サービス

値段が安い順に比較できる！

出発地と到着地を入れるだけで、全航空会社のチケットを比較して探せるサービス。最安値を調べられるほか、乗換回数や出発時刻など条件を絞って検索できます。そのまま提携サイトで購入も可能。条件を登録しておけば、価格が変動したときにメールで通知してくれるアラート機能も！

ホテル選びの強い味方！

Booking.com　ホテル探しから予約まで、アプリ内で完結できる！

希望エリアのホテルを比較しやすい！

国内外で使えるホテル予約サービス。「地区」「観光スポット」など検索条件が多岐にわたるほか、キャンセル無料の宿も多くて便利。「平均スコア4」以上＆口コミ件数が多い宿の中から探すのがおすすめ。アプリ上で予約票を現地語表示できるので、タクシー移動の際とても助かります！

絶景旅のお役立ちアプリ

Google マップ
世界中どこでも迷子知らず

海外でも日本と同様に利用できるので、慣れない場所での移動に便利。あらかじめ地図をアプリにダウンロードしておけば、オフラインでも地図とGPSが使えます!

Google

画像検索の機能が便利。外国のレストランで読めないメニューがあっても、メニュー名で画像検索すれば視覚で確認できるので、どんな料理か一目瞭然です!

Kindle

旅行のスキマ時間に電子書籍はいかが? 旅先にちなんだ本を読むとより思い出深い旅になりますよ。紙のようにかさばらないし、スマホサイズでも十分読めます。

Uber
アプリで車が呼べる!

海外での移動に便利な配車アプリ。ドライバーの評判を口コミで見られるほか、カード決済のため現地通貨が不要なのも◎。電話番号認証のため日本で会員登録を。

Pocket
ネット圏外の地域でも!

ネットがつながらない環境でもサイトが閲覧できるアプリ。事前にサイトを保存しておくことでオフラインでも表示できるので、圏外の地域や機内での調べ物が可能に。

Sun Seeker

太陽の軌道や日没時間がリアルタイムでわかるアプリ(有料)。鳥居の中央に昇る朝日を撮影するときなどに、事前に太陽の位置が把握できます。海外でも使えます。

星座表

スマホを夜空にかざすだけで目の前の星座がわかるアプリ。位置情報と連動しているので、スマホの動きにあわせて表示が変化。惑星や天の川の位置もわかりますよ。

been
次はどこへ行こうかな?

訪れた国を地図上で記録できるアプリ。渡航済みの国が地図上で塗りつぶされて、訪れた国の数も管理できます。次の旅先を決めるのが楽しくなりますよ!

HOW TO 3

旅の荷物、何を持っていく？

旅のはじまりはパッキングから！ 毎週あちこち旅をしているわたしの愛用グッズをお見せしちゃいます。

大公開　**2泊3日絶景旅の荷物**

トランクは…
サムソナイトの「ピクセロン」34Lを使用。

基本は機内持ち込みサイズのトランク。荷物はワンピ2、Tシャツ1、ズボン1、帽子1、ニット帽1、インナー2日分、洗面用具、化粧品、眼鏡、PC、カメラ類、充電器、三脚、ヘアアイロン等。

→ 海外の場合トランクは預けるので、カメラやPCは、機内へ持ち込むカメラバッグに移動します。

カメラバッグは…
VANGUARDの「HAVANA 41」。これは2代目！（p74でも紹介）

街歩きはカメラバッグで。中身は一眼レフカメラ1、予備バッテリー、デジカメ1、スマホ2、モバイルバッテリー、ティッシュ、ミニ財布、小さいポーチ等。紙の本は持たない。

海外旅三種の神器

1. スマートフォン
2. レンタルwifi
3. クレジットカード

わたしの海外旅の必須アイテム。**1**, **2**があれば、地図や移動手段など必要な情報がその場で調べられるし、Google翻訳などを使えば言葉の不安もクリア。**2**はSIMを替えるのが面倒なので日本でレンタルしていきます。**3**を使えば現地ATMで現地通貨も下ろせます。

> 詩歩おすすめ

旅の便利アイテム

無印良品の吊して使える洗面用具ケースで省スペース。

紙がないトイレも多いので流せるティッシュを携帯。

日焼け後は「海藻と花と果実の美容液マスク」で美白。

MOXNICEのモバイルバッテリーは充電コード内蔵！

すべてのタイプがまとまったマルチ電源プラグが便利。

小さく畳める「Shu-patto」は荷物が増えたときに。

ブラシが収納できるベアミネラルの化粧ブラシを愛用。

携帯用アイラッシュカーラー（ビューラー）も無印良品。

冬の旅なら

モンベルの冬用インナー・ウール靴下を重ね着して保温効果アップ。カイロは足先と背、お腹に。

海に行くなら

詩歩的最強日焼け止めは資生堂「アネッサ」！ 最近では飲む日焼け止めサプリメントも併用。

アウトドアなら

蚊除けはアロマスプレー＋ミューズで足裏殺菌。痒み止めパッチがあれば痕が残りません。

荷物を減らすコツ

液状コスメはコンタクトレンズのケースに詰めて保存！ 液漏れの心配ナシ。

衣類はジッパー付き保存袋で圧縮してボリューム減。濡れた服や靴も入れやすい！

ガイド本は必要箇所だけスマホで撮影。本を広げているとスリにも狙われやすい。

HOW TO 4
旅のファッション、どうする？

せっかくだからおしゃれしたいけど、快適にも過ごしたい旅先。
シーン別にわたしのコーディネートをお披露目します！

実録！ バリ島の旅 (p66) 3DAYSコーデ

DAY 1

バリ島は湿度が高く暑いので、風通しのいいワンピースを。ワンピは1枚でコーデが決まるのも◎。ロックバーに行くので少しフォーマルを意識。

DAY 2

バリスイングで写真に映えやすいカラフルなワンピースをチョイス。KEENのサンダルはガシガシ歩けてどんな服装にも合います！

DAY 3

山の上のランプヤン寺院へは歩きやすい服装で。神聖な場所のため肌の露出は控えます。タイパン(ズボン)はダボッと履けて暑苦しくない！

パッキングのコツ

夏旅に欠かせないハットは、型崩れ防止のため中に衣類を詰めて。1000円ほどの安物ハットだけどお気に入り。

トランクのパッキング時は重いものが下側(タイヤ側)にくるように。重心が安定してキャスターが動かしやすくなります。

衣類は平置きではなく縦置きで。より多く収納できるうえ、開けた際にどこに何があるか一目瞭然で出し入れスムーズ。

こんなときは？ **シチュエーション別 旅コーデ**

飛行機の機内服

締め付け感のないワンピ、ユニクロのヒートテックインナー上下、パーカー、眼鏡で長時間フライトも快適。

春の桜／秋の紅葉散策

寒暖差の大きい季節は重ね着で調節。このジャケットはCIAOPANICのもの。防水防塵でシワにもなりません。

真夏のビーチ

手の甲までカバーできるPEAK&PINEのラッシュガードと、裾がゴムでたくしあげやすいタイパンを。

簡単なトレッキング

フリースインナーが外せるチチカカのジャケットは、温度調節がしやすい！ 日除けのキャップも忘れずに。

真冬のオーロラ鑑賞

−20℃対応のTNAのジャケットと、−32℃対応のSORELのスノーブーツ。インナーはp13を参照。

パジャマ代わりのリラックスウェア

ユニクロのカップ付きワンピースは、透けにくい黒を。ホテルでダラダラ過ごす際や朝食時に重宝します。

ファッションのこだわり

少ない服でもバリエーションを出すために、ハットやニット帽で毎日のコーデにアクセントを。

せっかくの服もシワシワだと△。ナイロン素材などシワになりにくい素材なら管理もらくちんです。

KEEN「ユニーク」は好きすぎてもう3代目。歩きやすさはもちろん、水陸両用なのもうれしい！

HOW TO 5

絶景旅のお悩み解決します！

世界のあちこちへ行く絶景旅は、初心者にはハードルが高いことも。50か国以上旅したわたしのノウハウをご紹介します。

Q1 絶景はどうやって探すの？

ANSWER

SNSは情報の宝庫！ 見たい景色を具体的にして、常にアンテナを張って情報収集をしています。

「ここで絶景が見つかる！」という特定の媒体があるわけではありません。SNSやネット、TVや雑誌をチェックするのはもちろん、取材で訪れた地域の方へヒアリングするなど、日々リサーチ。SNSでは日本だけでなく海外のアカウントを多く見ることで、新しい情報に出会いやすくなります。また探し方にもコツが。「絶景」という大くくりではなく、「雲海」「リフレクション（水等に反射する光景）」など、具体的な景色に"因数分解"して探すのがポイントです。

Q2 お得な航空券の取り方は？

ANSWER

「平日」に買うと安いという噂。

ネットから航空券を買うときは「Skyscanner」（p10）で、条件に合う中で最安値のチケットを探します。買うタイミングは「平日」がおすすめ。週末は多くの人がチケットを買うため価格が高めに設定されているからです。また韓国やハワイなど有名観光地の場合は、旅行会社が販売する、航空券と宿がセットになったプランのほうがお得な場合も多いです。

Q3 ホテルはどうやって選ぶ？

ANSWER

駅チカなど利便性を重視します！

「Booking.com」（p10）で宿を探すときに重視するのは予算と口コミですが、特に駅や市街地からの距離など、実際に宿泊した人による「ロケーション」についての評価を見るようにしています。以前は安さ重視で遠い宿まで頑張って歩いたけれど、今は時間のほうが大事。駅から近いホテルなら、チェックイン後もすぐに街歩きが楽しめるので、助かっています！

Q4 語学力がなくても大丈夫？

ANSWER
なくても大丈夫！だけど……。

地名や基本的な単語が言えれば、身ぶり手ぶりでも十分旅行できます。わたしも初海外のときはまったくしゃべれず（涙）。ただ、話せたほうが旅を楽しめるのは間違いないので、旅行前に現地語会話の本で練習を。

Q5 治安が不安です。

ANSWER
治安のよい国から慣れていこう。

私が旅をした中でおすすめなのは、ハワイ、シンガポール、ドバイ。いずれも日本と同じかそれ以上に治安がよく、女子ひとりでも旅行しやすかったです。特にドバイは法律が厳しく、日本より犯罪率も低いそう。

Q6 防犯対策はしていますか？

ANSWER
当然！すべて自己責任の意識で。

「買える安全は買う」がモットー。料金が高くてもしっかりしたホテルを選ぶようにして、タクシーはホテルに呼んでもらいます（Uberも◎）。意外とひとりより複数人のほうが気がゆるんで狙われやすいので注意！

Q7 旅行保険に入ってますか？

ANSWER
毎回加入しています！

カード付帯の保険は、補填内容が十分でないことも多いので、「AIG損保」の旅行保険に加入。海外で盗難にあったり、飛行機トラブルで宿泊が必要になったときも、きちんと補填してもらいました。

Q8 お金の両替はどうしてますか？

ANSWER
基本カード決済、不足分はATMで。

日本では両替せず、現金が必要なら現地のATMでカードからキャッシング。最近はホテルも飲食店もクレジットカードが利用でき、移動もUber（アプリ内決済）を使うため、現地通貨を使わない旅が多いです。

Q9 マイルをためていますか？

ANSWER
JAL系・ANA系の2種類を。

普段JALカードとANAカードを利用しているので、ワンワールド（JAL加盟）、スターアライアンス（ANA加盟）の2種類を貯めています。ただ、マイルのための航空券購入はせず、旅程と価格重視で選びます。

詩歩が行ってきた！
世界を旅して絶景めぐり

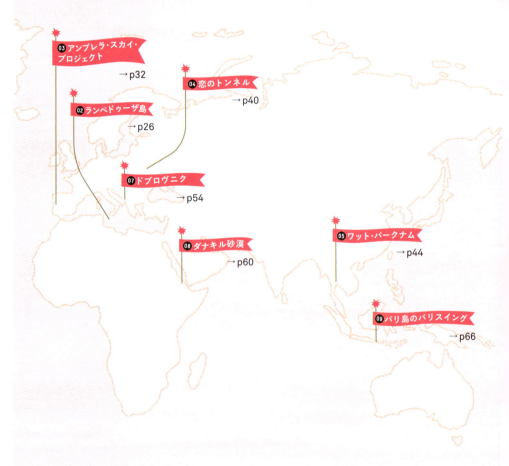

03 アンブレラ・スカイ・プロジェクト →p32

04 恋のトンネル →p40

02 ランペドゥーザ島 →p26

07 ドブロヴニク →p54

08 ダナキル砂漠 →p60

05 ワット・パークナム →p44

09 バリ島のバリスイング →p66

"死ぬまでに行きたい"絶景というと、ハードルが高く感じますが、
行き方や絶景を見るためのコツがわかれば、案外手に届く場所なんです！
わたしが実際に訪れた世界の絶景の中から、特におすすめの場所＆鑑賞のポイント
をあわせてまわりたいスポットとともに、コースにしてご案内します。

この地図に記載しているのは、書籍の中で大きく扱っているスポットのみです。
これ以外にも多くの国のスポットを掲載しているので、ぜひページをめくって探して
みてくださいね！
p38の「ベストシーズンカレンダー」もご参照ください。

06 イエローナイフのオーロラ
→p48

- **01** レイク・テカポの星空（ニュージーランド） ……… 020
- **02** ランペドゥーザ島（イタリア） ……… 026
- **03** アンブレラ・スカイ・プロジェクト（ポルトガル） ……… 032
- **04** 恋のトンネル（ウクライナ） ……… 040
- **05** ワット・パークナム（タイ） ……… 044
- **06** イエローナイフのオーロラ（カナダ） ……… 048
- **07** ドブロヴニク（クロアチア） ……… 054
- **08** ダナキル砂漠（エチオピア） ……… 060
- **09** バリ島のバリスイング（インドネシア） ……… 066

01 レイク・テカポの星空
→p20

レイク・テカポはクライストチャーチ郊外の街。空気が澄んでいて晴天率が高く、光害が少ないため、満天の星が楽しめる。

絶景をめぐる旅α ニュージーランド

レイク・テカポの星空

大自然が魅力のニュージーランド。星空の世界遺産登録を目指すレイク・テカポをはじめ、美しい湖をめぐったり、バンジージャンプに挑戦したり。アクティビティ充実の旅へ！

空いっぱいに瞬く星！
まるで天然プラネタリウム

RECOMMEND
- ☑ グループ旅行に
- ☑ 体験型の旅

ベストシーズン **6月から9月**
空気が澄んでいて、星空がよりきれいに見られる。

予算 **約26万円から**

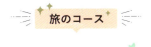

広範囲に回るならレンタカーは必須。現地ツアーも上手に組み合わせて！

- オークランド空港
- オークランド
- マタマタ
- ❶ホビット村
- ❷ワイトモ洞窟
- NEW ZEALAND ニュージーランド
- ❹ミルフォード・サウンド
- ウエリントン
- アオラキ／マウント・クック
- アストロカフェ
- クライストチャーチ
- ❻レイク・テカポ
- ❺プカキ湖
- ❼オアマル
- テ・アナウ
- ❽カワラウ・ブリッジ
- クイーンズタウン空港
- ❸クイーンズタウン

たとえばこんな旅 ▶ 7泊9日

1日目	成田 →（機中泊）
2日目	オークランド → 車でマタマタへ、ホビット村❶ツアーに参加 → ワイトモへ、ワイトモ洞窟❷ツアーに参加 → オークランドに戻る（オークランド泊）
3日目	飛行機でクイーンズタウン❸へ、散策 → 車でテ・アナウへ（テ・アナウ泊）
4日目	ツアーに参加しミルフォード・サウンド❹へ、観光（クイーンズタウン泊）
5日目	車でアオラキ／マウント・クックへ、登る途中でプカキ湖❺観光 → アストロカフェで休憩 → レイク・テカポ❻へ、星空を鑑賞（レイク・テカポ泊）
6日目	車でオアマル❼へ、観光 → レイク・テカポの星空を鑑賞（レイク・テカポ泊）
7日目	車でカワラウ・ブリッジ❽へ、バンジージャンプを体験 → レイク・テカポの星空を鑑賞（レイク・テカポ泊）
8日目	車でクイーンズタウンへ → 飛行機でオークランドへ（オークランド泊）
9日目	→ 成田着

詩歩'S COMMENT

世界遺産登録を目指し、地元の人が守り続けているという「レイク・テカポの星空」。一目見てみたい、という思いで、友人4人とニュージーランドを訪れました。北島・南島それぞれでレンタカーを借りてのドライブ旅。北島では、映画『ロード・オブ・ザ・リング』のロケ地「ホビット村」で映画の世界観を味わった後に「ワイトモ洞窟」へ。水中洞窟をボートで進みながら見る土ボタルの青い光は幻想的で、天然のプラネタリウムのようでした。南島に移動してからも大自然が続きます。"世界一美しい散歩道"と名高い「ミルフォード・サウンド」、色鮮やかさに驚愕した「プカキ湖」、野生ペンギンが生息する「オアマル」、そして商業バンジージャンプ発祥の地「カワラウ・ブリッジ」。目的だったレイク・テカポの星空も、3日連続で見ても全然飽きない美しさ。50か国以上回った中でも、ニュージーランドは特に好きな国となりました。バンジーだけはもうやりたくないけどね(笑)。

OVERVIEW THE TRIP
旅のアルバム

PLACE 1 ホビット村

映画『ロード・オブ・ザ・リング』や『ホビット』に登場するビルボの家や水車小屋などがそのままに。ガイドさんの撮影裏話も必聴です。

PLACE 2 ワイトモ洞窟

石灰岩が侵食されてつくられた鍾乳洞を、ボートに乗って見学。世界的に珍しい青白い光を放つ土ボタルが生息し、まるで宇宙のような幻想的な空間が広がっています。洞窟内はツアーでのみ見学可能です。

PLACE 3 クイーンズタウン

リマーカブル山脈とワカティプ湖を望む、リゾートタウン。カヤックやトレッキングなど、アクティビティも充実しています。

PLACE 4 ミルフォード・サウンド

氷河に削られて生まれたフィヨルド。クルーズ船から、標高約1692mのマイターピークや最大落差1000mに及ぶ滝などを間近に堪能！

詩歩's POINT

星空鑑賞に最適なのは冬の新月の日。空が暗く空気が澄んでいるので、より多く星が見えます。連休中などは、夕食後の時間帯は観光客が多く撮影が難しい場合も。一度仮眠して深夜に行くと静かに撮影できます。ワイトモ洞窟は生物保護の観点から一般の撮影禁止。

PLACE 5 プカキ湖

ニュージーランド最高峰アオラキ／マウント・クックへ向かう途中で、ミルキーブルーに輝く湖を発見！ 南北に細長い形をしていて、タスマン氷河などから流れ込む水を湛えています。本当に色鮮やか！

PLACE 6 レイク・テカポ

地球最南端の天文台「マウントジョン天文台」など鑑賞スポットも充実。南十字星等日本ではあまり見られない南半球の天体に注目。

テカポ湖畔のレストランでサーモン丼♪

PLACE 7 オアマル

体長約40cm、世界最小といわれるブルーペンギンが生息。日中は海で過ごし、日没後は内陸のコロニーへ戻っていく姿が見られます。

PLACE 8 カワラウ・ブリッジ

高さ43mの橋上からカワラウ川へ向かってバンジージャンプ！ 希望者には、川へ着水できるようロープの長さを調整してくれます。

023

旅のアドレス

❶ホビット村
🚌 オークランドからInterCity社バスで約3時間15分、マタマタ下車。マタマタ観光案内所から送迎バスで約20分 🚗 オークランドから約2時間20分

🏠 501 Buckland Road Hinuera Matamata
📍 www.hobbitontours.com/

❷ワイトモ洞窟
🚌 オークランドからInterCity社バスで約2時間40分 🚗 オークランドから約2時間40分
※ホビット村から車で約1時間15分

🏠 39 Waitomo Village Rd, Waitomo Caves
📍 www.waitomo.com/

❸クイーンズタウン
✈ オークランドから飛行機で約1時間55分。空港から市街地までOrbus(公共バス)で約30分。

❹ミルフォード・サウンド
🚌 クイーンズタウンからInterCity社バスで約6時間
※クルーズは現地で当日参加も可能だが事前予約が安心。クイーンズタウン発着ツアーもおすすめ

🏠 Milford Sound, Southland

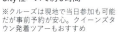

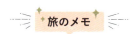

❺プカキ湖
🚗 クイーンズタウンから車で約2時間40分

🏠 Lake Pukaki

❻レイク・テカポ
🚌 クイーンズタウンからInterCity社バスで約4時間

🏠 Tekapo

❼オアマル
🚌 クイーンズタウンから約3時間30分
※テカポからは車で約2時間10分

🏠 Waterfront Rd, South Hill, Oamaru(ペンギンコロニー)
📍 www.penguins.co.nz/

❽カワラウ・ブリッジ
🚌 クイーンズタウンのザ・ステーション・インフォメーションセンターから送迎バスで約20分

🏠 Kawarau Bridge, State Highway 6, Gibston Valley
📍 www.bungy.co.nz/

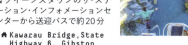

旅のメモ

●**所要時間(成田空港→オークランド国際空港)**
ニュージーランド航空の直行便で約11時間。

●**日本との時差**
+3時間。サマータイム制を導入しており、9月最終日曜〜翌4月第1日曜は時差が+4時間となる。

●**公用語**
英語、マオリ語、ニュージーランド手話。先住民であるマオリの人々も英語を話すことができる。

●**通貨**
ニュージーランド・ドル(NZ$)。補助通貨単位はニュージーランド・セント(¢)。1ドル=100セント=約71円。

●**物価**
全体的に日本よりもやや高めだが、自国で生産している農産物や乳製品は比較的安価。カプチーノ5ドルほど、レンタカー1日40〜60ドル。

●**おすすめの持ち物**
南半球に位置するため、6〜8月頃までは冬。星空観測をする際は防寒着と、撮影時の手ぶれ防止のため三脚が必須。

●**国内移動のコツ**
公共交通機関はバスが中心。国内最多の路線を持つInterCity社のバスは、鉄道やフェリーのチケットと組み合わせたり、観光ツアーなどのオプションを選べたりするため便利。ホビット村とワイトモ洞窟内の見学はツアーのみ。公式サイトで予約可能。オークランド発着の周遊ツアーもある。

●**ホテル選びのポイント**
レイク・テカポには小規模なペンションや民宿しかないため、設備が整った宿に泊まりたいなら早めに予約を。湖周辺に宿をとれば、夕食後、星空鑑賞スポットまで歩いて行けるのでおすすめ。

●**ワンポイント**
観光を目的とした、3か月以内の滞在についてはビザ不要。2019年10月1日以降は渡航前に電子渡航認証(NZeTA)の取得と環境・観光税(IVL)が必要。

JOURNEYS TO BREATHTAKING PLACES IN THE WORLD

レイク・テカポの
星空の鑑賞のコツ

今やニュージーランドの一大観光地となったレイク・テカポ。わたしは念には念を入れ3泊して満喫しましたが、ここでの星空の楽しみ方はいくつかあります。

一つ目は「善き羊飼いの教会」から見る方法。この教会と星空を一緒に撮影するのがお決まりになっています。昼間も見学でき、中からは祭壇越しに真っ青なテカポ湖が一望できますよ。夜には天の川が肉眼でもくっきりと見られるので、ぜひ天の川が入る構図を探して撮影してみてください。

昼間の「善き羊飼いの教会」。奥にはテカポ湖が見える！（教会内の撮影は禁止。フェンスが設置されている場所は入らないように）

二つ目は「マウントジョン天文台」から見ること。標高1031mの山頂にあるため、星空にも近い！ 巨大望遠鏡でじっくり天体を観測できます。マウントジョンの山頂までは、昼間はレンタカー等で誰でも登ることができます。車で行ける「アストロカフェ」は見晴らし抜群で、清々しい眺望を楽しみながら飲むホットチョコレートが最高！ テカポ湖も真上から望めます。夜になると山頂は星空鑑賞ツアー専用となり、個人では入山ができません。わたしは3日とも教会の近くで鑑賞しましたが、1日くらい山頂から見てみてもよかったな〜。

もちろん、レイク・テカポは街全体で光害を軽減させる活動をしているので、特別な場所に行かなくてもOK。部屋の窓をあけて見上げるだけで、もう満天の星です！ 毎日の気分にあわせた鑑賞方法で、ぜひ楽しんでくださいね。

マウントジョン天文台にある巨大望遠鏡。日本語ガイド付きのツアーもあり。

一面ガラス張りのアストロカフェ。冬季は17時までと、閉店時間が早いので注意を。

地中海に浮かぶイタリア最南端の島。海水の透明度が高く、船がまるで空を飛んでいるように見える光景が話題に。

絶景をめぐる旅α イタリア

ランペドゥーザ島

世界中で一躍有名となったFlying Boatの風景を探し求め、一路イタリアへ。
名所づくしのローマや風光明媚なギリシャの島も回り、憧れを叶える旅となりました。

夢にまで見た"空飛ぶ船"
この絶景をあなたも！

RECOMMEND

- ☑ 憧れの風景へ
- ☑ リゾートを満喫

ベストシーズン 夏
ランペドゥーザ島で、ボートが海に出る時期。

予算 約 **42万円** から

旅のコース

- レバント
- ❷ サンタンジェロ城
- ローマ・テルミニ
- コロッセオ
- ❶ コロッセオ
- ミラノ
- ❸ チヴィタ・ディ・バーニョレージョ
- ITALY イタリア
- フィウミチーノ空港
- ローマ
- ナポリ
- テッサロニキ
- GREECE ギリシャ
- アテネ国際空港
- パトラ
- ❼ ザキントス島
- アテネ
- サントリーニ(ティラ)空港
- ランペドゥーザ空港
- ❹❺ ランペドゥーザ島 ★（拡大MAPはp31）
- ❻ サントリーニ島

たとえばこんな旅 ▶ 8泊10日

1日目	成田 → ローマ（ローマ泊）
2日目	ローマ観光・コロッセオ❶、サンタンジェロ城❷を見学 → 列車とバスでチヴィタ・ディ・バーニョレージョ❸へ、散策を楽しむ → ローマに戻る（ローマ泊）
3日目	飛行機でランペドゥーザ島へ → チェントロ❹でランチ → 車で「空飛ぶ船」が見られる場所へ、見学（ランペドゥーザ島泊）
4日目	ボートでカラ・プルチーノ❺へ、海上から船を撮影 → ラビット・ビーチでリゾート気分を満喫（ランペドゥーザ島泊）
5日目	チェントロを観光 → 飛行機でローマへ、乗り継いでギリシャ・アテネへ（アテネ泊）
6日目	飛行機でサントリーニ島❻へ、夕陽を鑑賞（サントリーニ島泊）
7日目	飛行機でアテネへ、乗り継いでザキントス島❼へ、ナヴァイオビーチを鑑賞（ザキントス島泊）
8日目	船でナヴァイオビーチへ上陸 → 飛行機でアテネへ（アテネ泊）
9日目	飛行機でローマへ、乗り継ぎ →（機中泊）
10日目	成田着

> 空飛ぶ船は条件が揃わないと見られないので余裕をもった日程で！

詩歩'S COMMENT

「ランペドゥーザ島」といえば、空飛ぶ船！わたしが運営するFacebookページで26万人以上が"いいね！"した絶景です。その写真だけを手がかりに現地を訪れ、陸地から、ボートの上からと、様々な角度から"Flying Boat"の光景を探してきました。遠浅で白砂の海底が続くこと、ボートの真上から太陽光が当たることなど、条件が揃わないと見られない、まさに奇跡の絶景でした。ランペドゥーザ島は小さく、イタリアでも認知度が低い島。Flying boat以外の見どころは少ないので、ローマやギリシャなどほかの観光地とあわせて回るのがおすすめ。ローマには、世界遺産「コロッセオ」や「サンタンジェロ城」などの名所が数多くありますし、イオニア海を挟んだ隣国ギリシャにも、魅力ある島がたくさん。ハネムーナーの聖地「サントリーニ島」、ジブリ映画『紅の豚』に出てくるような「ナヴァイオビーチ」がある「ザキントス島」……夏のヨーロッパ旅は何日あっても足りません！

> OVERVIEW THE TRIP
> **旅のアルバム**

PLACE 3 チヴィタ・ディ・バーニョレージョ

大地震で周囲が崩落し、断崖の上に取り残された街に、美しい中世の家並みがそのまま残ります。人口は十数名といわれ、街を歩いてもなかなか会えない(笑)。今も風雨による浸食が続いていることから「死にゆく街」との呼び名も。

ネコがいっぱい！
人間より多い！?

PLACE 1 コロッセオ

紀元80年頃完成とされる、古代ローマ人を熱狂させた円形闘技場。客席や地下などの構造が、一部当時のまま残っています。

PLACE 2 サンタンジェロ城

テベレ川西岸にあり、大天使ミカエル像が頂上に立つ城塞。139年に霊廟として完成し、その後は監獄にも使われたそう。

> 詩歩's POINT
>
> ランペドゥーザ島は強風等でボートが出ない日も多いです。また潮の満ち引きや太陽光の加減でも見え方が変わるので、予備日を設けるのがベスト。撮影は崖の上もしくはボートの上から。日によってボートが出る場所が違うので動き回ってベスポジを探しましょう。

PLACE 4 ランペドゥーザ島／チェントロ

面積約20km²の小さな島で、ホテルや飲食店は南東部のチェントロに集中しています。特に賑わうのはメインストリートのローマ通り。

ランペドゥーザ島では新鮮なシーフードを使ったイタリアンが名物。北アフリカの料理が食べられる店も。

PLACE 5 ランペドゥーザ島／カラ・プルチーノ

海上から空飛ぶ船を見たいなら、島西部の入江、カラ・プルチーノがおすすめ。チェントロ付近の港からボートでGO！ 空飛ぶ船が見られる条件は①潮が満ちて水位が高いこと、②太陽がボートの真上に来る正午前後、③無風の3つです。陸地から見る方法はp31のコラムを参照。

ビーチを楽しみたい人は、島で一番人気のラビット・ビーチへ。アオウミガメが見られることも。

PLACE 6 サントリーニ島

断崖上に白い街並みが広がります。一日の〆に北部の街イアから、エーゲ海に沈む夕陽を鑑賞。

PLACE 7 ザキントス島

断崖絶壁に囲まれたナヴァイオビーチへは船でのみ上陸可能。全景を見渡すなら崖の上の展望台へ。

旅のアドレス

❶コロッセオ
🚇地下鉄コロッセオ駅下車すぐ
🏠 Piazza del Colosseo, Roma
📍 parcocolosseo.it/

❷サンタンジェロ城
🚇地下鉄レパント駅から徒歩約15分
🏠 Lungotevere Castello 50, Roma
📍 www.castelsantangelo.com/

❸チヴィタ・ディ・バーニョレージョ
🚇オルヴィエート駅からCOTRAL社のバスで約40分、バーニョレージョ下車、徒歩約15分。またはチヴィタ行きのミニバスに乗り換えて約5分

❹ランペドゥーザ島／チェントロ
✈フィウミチーノ空港(イタリア・ローマ)からランペドゥーザ島まで飛行機で約1時間30分。空港から中心街のチェントロまでは車で約5分。

❺ランペドゥーザ島／カラ・プルチーノ
🚗ランペドゥーザ空港から車で約30分

※「空飛ぶ船」を見るなら、チェントロ付近の港からボートをチャーター、またはボートツアーに参加してアクセス

●ここもおすすめ!
ラ・カラーンドラ
ランペドゥーザ島の港に面したホテル「ポルトテル カラーンドラ」併設のレストラン。シーフードを使った南イタリア料理が手頃な価格でいただける。
📍 www.facebook.com/Lacalandrarestaurant/

❻サントリーニ島
✈アテネ国際空港(ギリシャ・アテネ)から飛行機で約50分
🚢ピレウス港(ギリシャ・アテネ)から高速船で約4時間40分

❼ザキントス島
✈アテネ国際空港(ギリシャ・アテネ)から飛行機で約45分。
🚇KTELバスターミナル(ギリシャ・アテネ)からバスで約4時間、キリニ港でフェリーに乗り換えて約1時間20分

旅のメモ

●**所要時間(成田空港→フィウミチーノ空港)**
アリタリア航空の直行便で約12時間。

●**日本との時差**
イタリアは-8時間。ギリシャは-7時間。いずれもサマータイム制を導入しており、3月最終日曜〜10月最終日曜は時差が1時間短くなる。

●**公用語**
イタリアはイタリア語。ギリシャはギリシャ語。いずれも都市部の観光地やホテルなどでは英語が通じる場合も多い。

●**通貨**
ユーロ(€)。補助通貨単位はセント(¢)。1ユーロ=100セント=約125円。

●**物価**
ローマやサントリーニ島などの観光地は日本よりも高め。タクシー初乗り平日3ユーロ、ピザ1枚6ユーロほど〜(ローマ)。

●**おすすめの持ち物**
日差しが強いため、サングラスと帽子、日焼け止めは必須。

●**国内移動のコツ**
ローマ市内は地下鉄が便利。そのほかトラムやバス、タクシーがある。チヴィタ・ディ・バーニョレージョへは、バスの本数が少ないため、ローマ発着の現地ツアーの利用もおすすめ。ランペドゥーザ島は車での移動が便利だが、チェントロからラビット・ビーチなどへ行くバスも運行している。

●**ホテル選びのポイント**
ランペドゥーザ島は、チェントロに宿泊施設が集中。高級ホテルはないが、清潔感のあるこぢんまりとしたホテルが多い。せっかくなので海が見える部屋を確保しよう。ボートチャーターなどの交渉が不安な場合は、ホテルに頼んでみても。

●**ワンポイント**
観光を目的とした、90日以内の滞在についてはビザ不要。飛行機やバスなどの交通機関、コロッセオのチケットは、事前にオンラインで購入をしておくとスムーズ。

"空飛ぶ船"を探せ！
絶景ハンティング秘話

JOURNEYS TO BREATHTAKING PLACES IN THE WORLD

「空飛ぶ船」を見に行くぞ！ とランペドゥーザ島に渡航したものの、島のどこに行けばあの光景が見られるのか、わたしが行った当時は情報が全然ありませんでした。

まずは陸地から、空飛ぶ船が見えるポイントを捜索します。地元で人気の「ラビット・ビーチ」は、ボートが進入できない場所だったのでNG。そもそも空飛ぶ船の光景は住民には認知されておらず、写真を見せても全員キョトン。もう自力で探し出すしかない……！

★空飛ぶ船が見られるスポット
❺カラ・プルチーノ
ポネンテ通り
崖の上
❹チェントロ
ローマ通り
ラビット・ビーチ
ラ・カラーンドラ
ランペドゥーザ空港

ラビット・ビーチから遠く東側に見えたボートを元に、位置を推測。島内を走るメイン道路(ポネンテ通り)沿いで車を降り、海の方へ道なき道を進みます。すると……崖の下に数艘のボートが！ 宙に浮いて見える！ この「崖の上」から撮影したのが、p26の写真です。

翌日は、海上からの景色を狙います。港でボートをチャーターしたものの、晴天なのに強風でボートが欠航！ 午後まで待機し風が弱まってから、船が入れる入江「カラ・プルチーノ」へ向かいます。しかし撮影を試みるも、海底に映る影がぼやけ、水位も低く、思い描いていたイメージからほど遠い景色しか見られませんでした。うーん、失敗。

結局翌日の午前に再チャレンジ。すると……水位や太陽の位置、そして無風という完璧な条件が揃い、あの憧れの光景を見ることができました！ 帰国便の直前でのリベンジ成功。苦労した分感動はひとしおです。今度はゆっくりボートでバカンスを楽しみたいなあ。

ポネンテ通りから「崖の上」までは歩道のない荒野。足の保護のために長ズボンと足をおおう靴の着用がおすすめ。

向かいのボートから撮ってもらった写真。操縦士さんに何度も位置を直してもらい、ついに撮影成功！

2006年から開催されている芸術祭「アジタゲダ」のイベントの一つ。商店街の上空に色とりどりの傘が飾られる。

絶景をめぐる旅α ポルトガル

アンブレラ・スカイ・プロジェクト

カラフルな傘が空一面に！　まるで絵本の世界のような光景に導かれ、ポルトガルへ。
ほかにも美しい街並みのポルトや水の都アヴェイロ等、フォトジェニックな場所が満載！

街全体がアート作品！
こんな通学路なら通いたい

---- RECOMMEND ----
☑ ひとり旅にも◎
☑ アートに触れる

ベストシーズン **7月から9月**
アンブレラ・スカイ・プロジェクトの開催時期。

予算 **約26万円から**

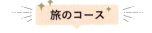旅のコース

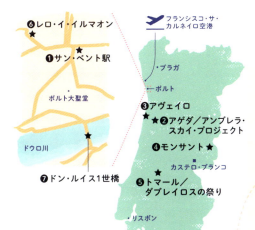

❶サン・ベント駅
・ポルト大聖堂
ドウロ川
❼ドン・ルイス1世橋
❻レロ・イ・イルマオン
フランシスコ・サ・カルネイロ空港
・ブラガ
・ポルト
❸アヴェイロ
❷アゲダ／アンブレラ・スカイ・プロジェクト
❹モンサント
・カステロ・ブランコ
❺トマール／タブレイロスの祭り
・リスボン
PORTUGAL ポルトガル

アゲダまでは電車かバスでOK
地方の小さな村や街を回るなら車が便利

たとえばこんな旅▶6泊9日

1日目	羽田 →（機中泊）
2日目	フランクフルトで乗り継ぎ→ポルト（ポルト泊）
3日目	早朝　サン・ベント駅❶を見学→地下鉄とバスでアゲダへ→アンブレラ・スカイ・プロジェクト❷などを見学（アゲダ泊）
4日目	アンブレラ・スカイ・プロジェクトなどを見学→電車で近郊のアヴェイロ❸へ、街歩きを楽しむ→電車でポルトへ（ポルト泊）
5日目	車でモンサント❹へ、観光→トマール近郊へ、タブレイロスの祭り❺を見学→ポルトへ（ポルト泊）
6日目	ポルト市内を観光、レロ・イ・イルマオン❻やドン・ルイス1世橋❼などを見学（ポルト泊）
7日目	ポルト→フランクフルトで乗り継ぎ、市内観光（フランクフルト泊）
8日目	フランクフルト→（機中泊）
9日目	羽田着

🏷 詩歩'S COMMENT

写真で見て、ずっと行きたかったアゲダのアンブレラ・スカイ・プロジェクト。その開催時期にあわせてポルトガルを訪れました。日帰りで訪れる人が多いアゲダですが、わたしは1泊して思う存分味わうことに。昼だけでなく夜まで楽しめるイベントで、泊まって大正解！　1日の中で変化する傘の街の様子を体感し、帰りは近くの運河の街・アヴェイロに寄って街歩きを楽しみました。翌日訪れた「石の村」モンサントはまさに"奇界遺産"。巨石の下に住宅があり、なぜこんな場所に!?　と好奇心でいっぱいに。ついでに行ったトマールでは、なんと4年に1度開催のお祭りに遭遇！　奇跡のような偶然に感謝です。拠点にしたポルトも世界遺産だけあって歴史ある街並みは趣があり、ドウロ川の橋越しに見る夕陽や世界的に有名な美しい書店など、1日では回りきれないほど見どころたくさん。ちなみに夏のポルトガルは昼が長く、なんと22時頃まで明るいのでたっぷり観光できます。

OVERVIEW THE TRIP
旅のアルバム

PLACE 1　サン・ベント駅

構内の壁には約2万枚のアズレージョと呼ばれるタイルが施され、ポルトガルの歴史を物語る場面が描かれています。鮮やかな青色で描かれたアズレージョが気に入り、滞在中に3回も訪れました！

PLACE 2　アゲダ／アンブレラ・スカイ・プロジェクト

頭に傘をつけた名物おじいちゃんがかわいい♥

傘のアートは地元のデザイン会社によるアイデアで、夏の強い日差しをやわらげる環境効果も。複数の通りで行われているのでぜひ回ってみて。夜の音楽フェスも要チェック！

PLACE 3　アヴェイロ

カラフルな建物が並ぶ街の中心に、運河が流れる港町。その光景は「ポルトガルのヴェニス」とも讃えられます。モリセイロという小舟に乗って水上散歩を。

詩歩's POINT BEST TIPS FROM SHIHO

アンブレラ・スカイ・プロジェクトは、日光が真上から差し込む正午頃が撮影のベストタイミング。太陽に照らされてカラフルな影が現れるので、ぜひ地面も撮ってみて。レロ・イ・イルマオンは大人気スポット。人が少ない写真を撮りたいなら朝イチに訪問を。

PLACE 7 ドン・ルイス1世橋

世界遺産「ポルト歴史地区」を流れる、ドウロ川に架かる1886年完成の二重構造橋。上・下層とも歩いて渡れます。おすすめの時間帯は夕暮れ時。ポルト市街地を茜色に染めながら沈んでゆく夕陽にうっとり。

PLACE 4 モンサント

巨岩群の中につくられた面白い村！ 民家の屋根や壁の一部に、巨岩がそのまま使われています。家がよく潰れないなと不思議……。

PLACE 5 トマール／タブレイロスの祭り

4年に1度開催されるタブレイロスの祭りを鑑賞。何百人もの女性が、花で飾られた盆を頭上に乗せて街を練り歩くパレードは壮観！

フランセジーニャはポルト名物のホットサンド。肉やチーズ、卵など具だくさんで超ボリューミー！

PLACE 6 レロ・イ・イルマオン

「世界一美しい書店」との呼び声も高い老舗書店。店内の中央には曲線を描くらせん階段が配され、雰囲気満点。入場はチケット制。

旅のアドレス

❶サン・ベント駅
🚉サン・ベント駅下車
🏠 Praça Almeida Garrett, 4000-069 Porto

❷アゲダ／アンブレラ・スカイ・プロジェクト
🚉アゲダ駅から徒歩約10分
📍 www.impactplan.pt/

❸アヴェイロ
🚉アヴェイロ駅下車
※観光にはモリセイロのほか無料レンタサイクル「bugas」もおすすめ

❹モンサント
🚉カステロ・ブランコ駅からバスで約40分、イダーニャ・ア・ノヴァで乗り換えて約40分、モンサント下車

❺トマール／タブレイロスの祭り
🚉トマール駅下車
📍 www.tabuleiros.org/
※次回のタブレイロスの祭りは2023年7月開催予定

❻レロ・イ・イルマオン
🚉サン・ベント駅から徒歩約6分
🏠 R. das Carmelitas 144, 4050-161 Porto
📍 www.livrarialello.pt/

❼ドン・ルイス1世橋
🚉サン・ベント駅から徒歩約6分
🏠 Ponte D. Luis I, Porto

●ここもおすすめ！
ホテル コンデ デ アゲダ
アゲダ中心部、アンブレラ・スカイ・プロジェクト会場近くに位置するホテル。清潔感あふれるモダンな客室からは、のどかな田園風景を望める。
📍 www.hotelcondedagueda.com/

旅のメモ

●**所要時間(羽田空港→フランシスコ・サ・カルネイロ空港)**
羽田からフランクフルト空港(ドイツ)まで約12時間。フランクフルトからポルトのフランシスコ・サ・カルネイロ空港まで約2時間40分。ポルトガルへは日本からの直行便がないためヨーロッパ主要都市での乗り継ぎが必要。

●**日本との時差**
－9時間。サマータイム制を導入しており、3月最終日曜～10月最終日曜は時差が－8時間となる。アゾレス諸島は、本土よりさらに－1時間となる。

●**公用語**
ポルトガル語。リスボンやポルトなどの主要都市では、英語が通じる場合も多い。

●**通貨**
ユーロ(€)。補助通貨単位はセント(¢)。1ユーロ＝100セント＝約125円。

●**物価**
周辺ヨーロッパ諸国の中では比較的安い。エスプレッソ1ユーロほど。

●**おすすめの持ち物**
カラフルな傘(撮影用に)。夏は日差しが強いため、サングラスと日焼け止めも。

●**国内移動のコツ**
ポルトからアゲダまでは電車またはバスでアクセスできる。乗り換えはあるが本数が多い電車と、本数は少ないが直行できる高速バス、都合に合わせて選ぼう。ポルトガル鉄道とRede Expressos社のバスはチケットをオンライン購入できるので便利。モンサント発着のバスは本数が少ないので、ポルトから電車やバスで行くなら、経由地のカステロ・ブランコまたはモンサントで1泊する必要あり。

●**ホテル選びのポイント**
アゲダは宿の数が少ないため、早めの予約を。

●**治安**
ポルトは比較的治安がよく、女性でも旅しやすい。

●**ワンポイント**
観光を目的とした、90日以内の滞在についてはビザ不要。「アジタゲダ」で夜開催の音楽フェスのプログラムは日替わりなので、事前にチェックを。

JOURNEYS TO BREATHTAKING PLACES IN THE WORLD

アンブレラ・スカイ・プロジェクトは夜もおすすめ

アンブレラ・スカイ・プロジェクトが開催されるアゲダの街は、ポルトガル観光の拠点であるポルトとリスボン、どちらからも公共交通機関で行けるアクセスのよい街。そのため多くの人が日帰りしてしまうのですが、わたしはアゲダに宿泊することをおすすめします！　せっかくここまで来たんだもの。傘のアートをゆっくり堪能してみませんか？

特におすすめは夜。芸術祭「アジタゲダ」会期中は、週末を中心に様々なイベントが催されるのですが、夜の音楽フェスの会場でもカラフルな傘が屋根一面に！　ライトアップされた傘のアートはなかなか見られませんよ。一日歩きまわって疲れた身体に、メロウな音楽が染みます……。

翌朝も頑張って早起きを。10時以降になると日帰りの観光客で混雑してしまうので、空いているうちに傘の街を独り占めしちゃいましょう。おすすめは、傘の下で「マイ傘」を持って自撮りすること。メリー・ポピンズみたいな気分で撮影してみて。

また、傘を上から眺めてみるのもおもしろい！　通り沿いの建物の上階から見下ろせば、まるで傘の海のような景色が広がります。わたしは地元の方に「上から傘が見たい！」とリクエストしたら、お店の上階まで連れて行ってもらえました。

ぜひアゲダに泊まって、日帰りでは見られない自分だけの景色を見つけてみてください。

わたしが行ったときは傘の販売は見当たらず。傘を持って撮影したいなら持参するのが安心。

3階からの眺め。食事をしたお店などで上階がありそうな場合は尋ねてみて。

フェス会場。夏のポルトガルは夜が遅いので、開演時間は22時過ぎが多い。

絶景ガイド　ベストシーズンカレンダー

→ 本書でコース紹介している絶景

*このカレンダーはだいたいの目安であり、実際はその年の気候によって変動する可能性もあります。実際に行く前に、現地の状況をご確認ください。

地域	絶景№/page	国・地域	絶景名	ベストシーズン
ヨーロッパ	絶景02 page 026	イタリア	ランペドゥーザ島	夏
	絶景04 page 040	ウクライナ	恋のトンネル	6月〜8月
	絶景07 page 054	クロアチア	ドブロヴニク	5月〜9月
	page 072	スイス	マッターホルン	夏
	絶景03 page 032	ポルトガル	アンブレラ・スカイ・プロジェクト	7月〜9月
アフリカ	絶景08 page 060	エチオピア	ダナキル砂漠	11月〜12月
	page 084	南アフリカ共和国	ボルダーズビーチのペンギン	通年
アジア	絶景09 page 066	インドネシア	バリ島のバリスイング	4月〜10月
	絶景05 page 044	タイ	ワット・パークナム	10月中旬〜2月中旬
	page 073	トルコ	カッパドキア	4月〜10月
	page 084	フィリピン	セブ島のジンベエザメ	通年
	page 073	ベトナム	ホイアン	1月〜7月
オセアニア	page 072	ニューカレドニア	ウベア島	通年
	絶景01 page 020	ニュージーランド	レイク・テカポの星空	6月〜9月
北米	絶景06 page 048	カナダ	イエローナイフのオーロラ	12月〜2月
日本	絶景15 page 118	北海道	青い池	6月〜7月
	page 156	北海道	しかりべつ湖コタン	1月下旬〜3月下旬
	page 116	青森県	青池	5月〜9月頃
	page 116	青森県	蔦沼	10月中旬〜下旬
	絶景14 page 112	青森県	弘前公園の花筏	4月下旬〜5月上旬
	page 117	青森県	不老ふ死温泉	通年
	page 117	青森県	星野リゾート 青森屋	通年
	絶景16 page 126	宮城県	SENDAI 光のページェント	12月中旬〜下旬
	page 080	福島県	桜峠	4月下旬〜5月上旬
	page 154	新潟県	越後妻有 雪花火	3月上旬
	page 154	新潟県	大地の芸術祭（常設展）	5月〜11月
	page 155	新潟県	つなん雪まつり	3月中旬
	page 155	新潟県	長岡まつり大花火大会	8月2・3日
	絶景21 page 150	新潟県	星峠の棚田	春
	絶景12 page 098	茨城県	国営ひたち海浜公園のネモフィラ	4月中旬〜5月上旬

日本

	page	県	場所	時期
	page 081	茨城県	東蕗田天満社	3月下旬〜4月中旬
	page 157	栃木県	大谷石地下採掘場跡	通年
	page 082	群馬県	渋峠から見た芳ヶ平	10月上旬〜中旬
	page 080	埼玉県	さきたま古墳公園	3月下旬〜4月上旬
	page 144	千葉県	石神の菜の花畑	3月中旬〜4月中旬
	page 145	千葉県	大山千枚田	10月下旬〜1月上旬
	page 144	千葉県	濃溝の滝	3月下旬と9月下旬
	page 145	千葉県	野島埼灯台	通年
絶景 19	page 140	千葉県	服部農園あじさい屋敷	6月上旬〜7月上旬
	page 156	東京都	小笠原諸島	5月〜11月頃
	page 083	東京都	昭和記念公園	11月中旬〜下旬
	page 083	山梨県	西沢渓谷	10月中旬〜11月上旬
	page 082	長野県	鬼押出し園から見た軽井沢おもちゃ王国	10月中旬〜11月上旬
	page 093	長野県	下栗の里	10月上旬〜11月上旬
	page 093	長野県	菅平高原	1月〜3月
絶景 10	page 088	長野県	SORA terrace	5月下旬〜11月上旬
	page 092	長野県	中山高原	4月下旬〜5月中旬
	page 092	長野県	御射鹿池	初夏
	page 081	静岡県	冨士霊園	4月上旬〜中旬
絶景 20	page 146	静岡県	都田駅	通年
	page 078	静岡県	龍厳淵	3月下旬〜4月上旬
絶景 11	page 094	滋賀県	鶏足寺の紅葉	11月中旬〜下旬
	page 085	広島県	大久野島のウサギ	通年
絶景 17	page 130	山口県	角島大橋	夏
絶景 18	page 134	香川県	父母ヶ浜	通年
	page 085	愛媛県	青島のネコ	通年
	page 157	愛媛県	下灘駅	通年
	page 111	宮崎県	青島	通年
	page 110	宮崎県	馬ヶ背	通年
	page 110	宮崎県	クルスの海	通年
	page 111	宮崎県	仙人の棚田	5月、9月下旬〜10月
絶景 13	page 106	宮崎県	真名井の滝	3月下旬〜4月上旬

線路沿い約3kmにわたり自然に形成された樹木のトンネル。そのロマンチックさから世界中のカップルが訪れる。

絶景をめぐる旅α ウクライナ

恋のトンネル

はるか先まで続く緑のアーチは、まさに自然の芸術。恋人たちの聖地となるのも納得。ぜひ、カメラを手に物語のような世界を切り取りに行きましょう。蚊よけ対策は万全に！

どこまでも続く森のトンネル
自然がつくった芸術作品

---- RECOMMEND ----

☑ ロマンチックな旅
☑ カップルで行きたい

ベストシーズン **6**月から**8**月
「恋のトンネル」が緑の木々で覆われる。

予算 約**23**万円から

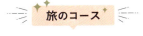

リブネから「恋のトンネル」までは駅やホテルでタクシーをチャーターするとスムーズ。往復＋観光約2時間で料金1200円ほど

たとえばこんな旅・5泊7日

1日目	成田 → ワルシャワで乗り継ぎ → リヴィウ(リヴィウ泊)
2日目	バスでリブネへ → ホテルへチェックイン → タクシーで恋のトンネル❶へ、散策(リブネ泊)
3日目	タクシーで恋のトンネルへ、散策(リブネ泊)
4日目	バスでキエフ❷へ、街を散策(キエフ泊)
5日目	ツアーに参加してチェルノブイリ❸へ、見学(キエフ泊)
6日目	飛行機でワルシャワへ、街を散策(乗り継ぎ＆機中泊)
7日目	成田着

バスやタクシーなど移動が多い旅程なので乗り場のある駅近くに宿をとるとらくちん

詩歩'S COMMENT

憧れだった「恋のトンネル」へ、友人と現地で合流して行ってきました。ウクライナにはどこか冷たい印象を持っていたけれど、行ってみると、食事がおいしくて物価が安く、治安もよくて、美男美女だらけ！ すっかり虜になりました。恋のトンネルは、天候が悪い場合も考え2日訪れることに。初日は想像以上の蚊の大群に翻弄されながらも、入口から1kmほど歩いたところにいい場所を見つけ、撮影を開始。写真で見ていた以上に美しく、鮮やかで幻想的な光景。人も少なかったので、友人とひたすら写真を撮りました。2日目は1人で訪れたのですが、途中から虚しく……やはり恋人の聖地だけあって、1人で来る場所ではないのかもしれません(笑)。この旅ではさらに首都キエフのほか、ツアーに参加してチェルノブイリも訪問。キエフから車で約2時間という近さですが、止まった時計、朽ちた郵便ポストなどを見ると、失われた生活が想起され胸がぎゅっとなりました。

OVERVIEW THE TRIP
旅のアルバム

PLACE 2 キエフ

広大な植物園や公園を有することから「緑の都」とも呼ばれる美しい街。1500年の歴史があり、市内にはキエフ最古の教会・聖ソフィア大聖堂や修道院などの歴史的建造物が多く残されています。

とにかく蚊が多い！蚊よけグッズ（p13）は必須！

PLACE 1 恋のトンネル

緑のトンネルは、森の中を貨物列車が何度も通過するうちにできたもの。この路線は今も現役で、1日数本運行しています。カップルでくぐると願いが叶うとか。

トンネルに吸い込まれそう

リブネのショッピングセンターで、インスタの画像をプリントアウトできる機械を発見！

実はウクライナが発祥のボルシチ。家庭の数だけレシピがあるそう。ピロシキと一緒に。

初日の写真をプリントアウトし、2日目に一緒にパシャリ。入口付近は土産物屋などがあり観光客が多いですが、200mほど進めばガラガラ。両日ともゆったり楽しめました。

PLACE 3 チェルノブイリ

1986年に起こった史上最大の原発事故の現場を見学。マンションや遊園地、学校など村内の施設や建物はすべて廃墟化していて、事故の悲惨さを痛感しました。

旅のアドレス

❶恋のトンネル
🚉クレーヴェン駅からタクシーで約5分

※リブネ駅からタクシーで約30分。または「クレーヴェン」行きのバスでアクセスする方法もある。乗車時に「Tunnel of love」と運転手に伝えるとよい。バスの所要時間は約45分、最寄り停留所で下車し徒歩約15分

📍 Klevan, Rivne

❷キエフ
✈東京からトルコやヨーロッパ各都市を経由して14〜16時間

※リブネから行く場合は、マルシュートカ(乗合バス)で約4時間30分

❸チェルノブイリ
CHERNOBYL TOUR®のキエフ発着ツアーに参加

※個人では行けないためツアー参加が必須

📍 chernobyl-tour.com/

広場にはラッパを吹く天使像が。『ヨハネの黙示録』ラッパ吹きの章では事故を予言していたという説も……。

ツアーでは、放射能測定器をレンタルできます。木や地面付近は基準値を超えていたので、少し怖かったです。

詩歩's POINT

英語が通じない場合はスクショを見せるなどスマホを活用して!

恋のトンネルは森の中にあり、日が差し込みすぎると幻想的な雰囲気が半減します。歩いてベスポジを探しましょう。観光客が少なく写真を頼めない可能性もあるので、自分を写真に入れたいなら三脚持参で。早朝に行くと運がよければ列車の通過が見られるかも!

旅のメモ

●所要時間(成田空港→リヴィウ国際空港)
成田からワルシャワ・ショパン空港(ポーランド)まで約11時間15分。ワルシャワからリヴィウ国際空港まで約1時間。ウクライナへは日本からの直行便がないため、トルコまたはヨーロッパ主要都市で乗り継ぎが必要。

●日本との時差
ー7時間。サマータイム制を導入しており、3月最終日曜〜10月最終日曜は時差がー6時間に。

●公用語
ウクライナ語。英語は通じない場合が多い。

●通貨
フリヴニャ(UAH)。補助通貨単位はコピーカ。1フリヴニャ=100コピーカ=約4円。

●物価
交通・宿泊・外食費を筆頭に、全体的に日本よりも安い。ボルシチ約20フリヴニャ。日本円の両替はほとんどできないため、ユーロやUSドルを持参して。

●ワンポイント
観光を目的とした、90日以内の滞在についてはビザ不要。

バンコク郊外にある、アユタヤ王朝期に創建された由緒ある寺院。大仏塔5階の天井には色彩豊かな仏伝図がある。

絶景をめぐる旅 α タイ

ワット・パークナム

グルメや買い物、マッサージといったイメージが強いバンコクですが、絶景もあります！
話題のフォトスポットで、タイの豊かな色彩感覚を味わいましょう。週末旅にもぴったり。

極彩色の天井を仰いで
はるか宇宙を感じる

旅のコース

- チャトゥチャック・ウィークエンドマーケット
- モーチット
- ❶ ラチャダー鉄道市場
- MRT
- チャオプラヤー川
- 国鉄
- タイカルチャーセンター
- フアランポーン
- ザ・ネバーエンディング サマー
- シーロム
- ❷ ワット・パークナム
- ウタカート
- BTS
- 高速道路
- サラデーン
- ❸ バンヤンツリー・バンコク

THAILAND
- チェンマイ
- タイ
- ナコンラチャシマー
- バンコク
- ✈ スワンナブーム国際空港

バンコクは移動手段が充実！ タクシーも格安なのでアクティブに動こう

RECOMMEND
☑ 海外初心者も◎
☑ 3連休で行ける

ベストシーズン 10月中旬から2月中旬
乾季のため、あまり雨が降らず過ごしやすい。

予算 約10万円から

たとえばこんな旅 ▶ 2泊3日

1日目 羽田 → バンコク → MRTでラチャダー鉄道市場❶へ、夜景を鑑賞。タイ料理や激安マッサージを堪能（バンコク泊）

2日目 BTSでワット・パークナム❷へ、寺院内を見学 → タクシーでチャオプラヤー川沿いの、ザ・ネバー エンディング サマーに移動し、ランチ → BTSでチャトゥチャック・ウィークエンドマーケットへ、買い物を楽しむ → MRTでバンヤンツリー・バンコク❸へ、ムーンバーで乾杯（バンヤンツリー・バンコク泊）

3日目 屋台で朝食 → バンコク → 羽田着

詩歩'S COMMENT

大都会で地下鉄が使いやすく、観光しやすいバンコク。週末やトランジットついでに気軽に遊べます。おすすめは今人気の2スポット！ 一つ目は「ワット・パークナム」。大仏塔の最上階まで上がると目に飛び込んでくるのは、日本では考えられないような鮮やかな色彩！ まるで宇宙みたいな天井画や総ガラス製のエメラルド色の仏塔に思わず引き込まれてしまいます。大仏塔は前国王と王妃の72歳の誕生日の記念に建てられた場所で、熱心にお祈り中の方も。「見させていただく」気持ちを忘れずに静かに鑑賞しましょう。二つ目は「ラチャダー鉄道市場」の夜景。一見、普通の屋台街ですが、高い場所から見下ろすと、宝石のようなまばゆい光景が！ 持ち込み可の2階建てのお店があったので、この光景を見下ろしながらローカルフードをいただきました。ほかにも、激安マッサージや屋上から都会の夜景が望めるルーフトップバーまで、バンコクならではのお楽しみがいっぱい！

OVERVIEW THE TRIP
旅のアルバム

PLACE 1 ラチャダー鉄道市場

約1000軒もの露店が密集する、バンコク屈指の規模を誇るナイトマーケット。カラフルなテントの下では、ローカルグルメをはじめ服や雑貨、アクセサリーの販売から、ネイルや理髪店まで！ 広場ではライブも開催されています。テントがきらめく夜景のほか、夕焼けとテントの風景も人気です。

屋台ではタイ料理はもちろん、韓国料理や和食など多様なグルメが楽しめます。目の前で調理しているので、タイ語や英語ができなくても指差し注文でOK！

詩歩的タイ料理のNo.1！

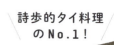

平打ち麺に甘酸っぱいソースが絡むパッタイは屋台料理の定番。

詩歩's POINT

ワット・パークナムの天井画は、下から仰ぎ見て撮影。わたしはEX-FR100L（p75）のカメラ部分を床に置いて撮りました（お祈りで来ている方の迷惑にならないように！）。鉄道市場の夜景は、隣接する立体駐車場から撮影。明るいので三脚がなくても十分撮れます！

旅のアドレス

❶ ラチャダー鉄道市場
🚇 MRT タイカルチャーセンター駅から徒歩約3分

🏠 Ratchadaphisek Rd. Dindaeng, Bangkok
🌐 www.facebook.com/taradrodfi.Ratchada/

❷ ワット・パークナム
🚇 BTS ウタカート駅から徒歩約20分

🏠 Soi Pak Nam, Thoet Thai Road | Pak Khlong Phasi Charoen, Phasi Charoen, Bangkok
🌐 www.facebook.com/WATPAKNAM.BKK/

❸ バンヤンツリー・バンコク
🚇 MRT シーロム駅またはBTS サラデーン駅から徒歩約10分

🏠 21/100 South Sathorn Road, Sathorn, Bangkok
🌐 www.banyantree.com/en/thailand/bangkok/

❷ ワット・パークナム

大仏塔は2012年完成と新しく、4階には、座禅・瞑想の新理論を提唱した僧侶、ルアンポーソッド氏の黄金製の仏像もあります。良縁と交通安全にご利益あり！

チャオプラヤー川沿いの倉庫をリノベした「ザ・ネバーエンディング サマー」でランチ。創作タイ料理が絶品！

週末限定のチャトゥチャック・ウィークエンドマーケットへ。クラッチバッグと靴を各1000円以下でGET♡

旅のメモ

●**所要時間**（羽田空港→スワンナプーム国際空港）
タイ国際航空、全日空などの直行便で約6時間。

●**日本との時差**
−2時間。サマータイムはない。

●**公用語**
タイ語。観光地や高級ホテルなどでは、英語が通じる場合も多い。

●**通貨**
バーツ（B）。補助通貨単位はサタン（Satang）。1バーツ＝100サタン＝約3.5円。

●**物価**
BTS初乗り16バーツ、屋台飯55バーツほど。

●**おすすめの持ち物**
虫除けスプレー。寺院では基本的に肌の露出が禁止されているため、肌を隠せるスカーフなど。

●**国内移動のコツ**
バンコクでは、BTS（高架鉄道）とMRT（地下鉄）が便利。トゥクトゥク（三輪自動車）やタクシー、ソンテウ（乗り合いタクシー）も。

●**ワンポイント**
観光を目的とした、30日以内の滞在についてはビザ不要。

❸ バンヤンツリー・バンコク

61階建てのホテルは全室がスイート仕様。屋上の「ムーンバー」では、カクテル片手にまばゆい夜景を堪能！ショートパンツやビーチサンダルはNGなのでご注意。

イエローナイフはオーロラが多く出現する"オーロラベルト"に位置。遭遇する確率は3日で95%とも言われる。

絶景をめぐる旅α カナダ

イエローナイフのオーロラ

夜空に出現するカラフルな光のショー、オーロラ。一生に一度は見てみたい光景です。せっかくなら鑑賞できる確率が高いイエローナイフへ。設備が整っているのも魅力。

夜空を舞う光のカーテン
写真以上の美しさです！

RECOMMEND
- ☑ 冬を満喫！
- ☑ 憧れの風景へ

ベストシーズン 12月から2月
夜が長いため、オーロラを見られる確率が上がる。

予算 約27万円から

旅のコース

- ✈ イエローナイフ空港
- ❶ イエローナイフ　オーロラビレッジ
- カルガリー
- ✈ バンクーバー国際空港
- バンクーバー
- モントリオール
- ✈ モントリオール・ピエール・エリオット・トルドー国際空港
- トロント
- ❷ モントリオール旧市街
- シャン・ド・マルス
- プラス・ダルム
- ❸ ノートルダム大聖堂
- スクエア・ビクトリア
- ジャック・カルティエ広場
- セント・ローレンス川

気温が−20度近くまで下がるので、防寒の準備はしっかりと。p13、p15の防寒アイテム&コーデも参考に

たとえばこんな旅 ▶ 4泊6日

1日目	成田 →（機中泊）
2日目	バンクーバーへ、乗り継ぎ → イエローナイフ❶へ、オーロラを鑑賞する（イエローナイフ泊）
3日目	イエローナイフの街を散策 → オーロラ鑑賞（イエローナイフ泊）
4日目	犬ぞりのアクティビティを楽しむ → オーロラ鑑賞（イエローナイフ泊）
5日目	イエローナイフ → カルガリーへ、乗り継ぎ → モントリオールへ、旧市街❷などを散策（モントリオール泊）
6日目	ノートルダム大聖堂❸を見学 → モントリオール → 成田着

詩歩'S COMMENT

誰もが一度は憧れるオーロラ。特に鑑賞できる確率が高いのがイエローナイフです。わたしは留学中(p52)に訪れ、3泊して、毎晩現地の鑑賞ツアーに参加しました。初日、レンタルした防寒着を着用し、車でツアー会社が所有する郊外の拠点へ。気温はなんと−20度近く！比較的暖かな小屋の中で待つこともできるのですが、いつオーロラが出るかわからないので、わたしは可能な限り外で待機しました。快晴なのに空は真っ暗。残念ながら時間切れか……という10分前！　地平線上に突如光の渦が出現したのです！　カーテンのようにひらひらとたなびくオーロラからは、シャラシャラと音が聞こえてきそう。撮影せねば！　そう思ったものの、興奮してうまく撮れません。ものの数分でオーロラは消滅してしまいました。それでもテレビで見るような光景を肉眼で見られて大興奮！　その翌日もオーロラが出現し、撮影も無事成功。3日中2日もオーロラが見られて大満足の旅でした。

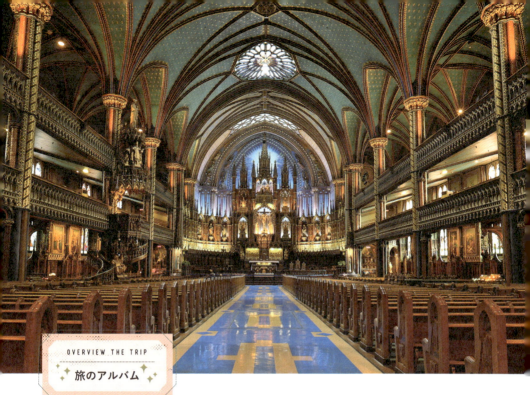

OVERVIEW THE TRIP
旅のアルバム

PLACE 1 イエローナイフ

北極圏に近い極寒の地ですが、「オーロラビレッジ」など、防寒具や暖かい小屋等の設備が整った施設が点在。安心して鑑賞を楽しめます。気まぐれに現れるオーロラに翻弄されつつも、自然の神秘に感動しきりでした！

現地ツアーに参加し白銀の世界を駆け抜ける「犬ぞり」も体験！ 操縦方法を丁寧にレクチャーしてもらえるから、初めてでも安心。

1週間先までのオーロラ出現確率を示す「AURORA FORECAST」（astronomynorth.com/aurora-forecast/）を事前にチェック！ 英語ですが、読み取りやすいので便利。

名産の「北極イワナ」とサーモンをお寿司で提供するお店も！ イワナは、さっぱり淡白な味わい。

PLACE 2 モントリオール旧市街

高層ビルが建ち並ぶダウンタウンを抜けると、セント・ローレンス川沿いにまるでタイムスリップしたかのような街並みが。石畳の道に18〜19世紀頃の建物が残り、フランス領時代の面影を今にとどめています。

旅のアドレス

❶イエローナイフ
🚗 イエローナイフ空港から市街地まで車で約15分
※空港〜市街地は公共交通機関がないため、タクシーかホテルの送迎車で移動

❷モントリオール旧市街
🚇 地下鉄スクエア・ビクトリア駅、プラス・ダルム駅、シャン・ド・マルス駅のいずれかで下車。中心地はジャック・カルティエ広場

❸ノートルダム大聖堂
🚇 地下鉄プラス・ダルム駅から徒歩約5分
🏠 110, rue Notre-Dame Ouest, Montréal
🌐 www.basiliquenotredame.ca/

PLACE 3 ノートルダム大聖堂（左ページ上）

1829年に建てられた、ネオ・ゴシック様式のカトリック教会。煌びやかに装飾された祭壇にはコバルトブルーの光が降り注ぎ、厳粛な雰囲気が漂います。約7000本のパイプをもつ、巨大なパイプオルガンも必見。

はちみつ入りのお湯で茹でるのがモントリオール式ベーグルの特徴。ほんのり甘くて素朴な味わい。

詩歩's POINT

イエローナイフには宿が少ないので、早めの予約を。旧市街の宿もおすすめ！

オーロラの撮影は難しい！ いつどこに出現するかわからないし、形を変えて動き続けるから、自分も動いて撮影しましょう。シャッタースピード・露出時間などをイメトレして臨むと◎。寒いとカメラの電池が消耗しやすいので、体温で温めて。予備バッテリーも必須です。

旅のメモ

●**所要時間**（成田空港→イエローナイフ国際空港）
成田からバンクーバー国際空港（カナダ）まで約8時間40分。バンクーバーからイエローナイフ空港まで約2時間30分など。直行便はない。

●**日本との時差**
イエローナイフが－16時間、モントリオールが－14時間。サマータイム制を導入しており、3月第2日曜〜11月第1日曜は、時差が1時間短くなる。

●**公用語**
英語、フランス語。モントリオールがあるケベック州はフランス語圏。

●**通貨**
カナダ・ドル（C$）。補助通貨単位はカナダ・セント（¢）。1ドル＝100セント＝約81円。

●**物価**
地域により異なるが、日本と大差なし。カプチーノ4ドルほど、タクシー初乗り3.5ドルほど。

●**おすすめの持ち物**
インナー含む防寒着（アウターやブーツは現地レンタルも可）。オーロラ撮影に三脚は必須。

●**ワンポイント**
渡航前に、オンラインで電子渡航認証（eTA）の取得が必須。観光を目的とした、6か月以内の滞在についてはビザ不要。

SHIHO'S ANOTHER TRAVEL STORY

留学しながら絶景旅へ

旅先でもっと自分の言葉を伝えたくて、決意した留学。
留学先でも旅に出ることで、さらに英会話が上達しました！

　頻繁に海外に行くせいか「英語はペラペラなの？」とよく聞かれます。実は、19歳で初めて海外に行ったときは英語が全然話せませんでした。それ以降も上達せず……そこで、26歳のときに決意したのが「短期留学」でした。

　これまで留学したのは3か国。朝から晩まで週5日語学学校に通いました。短期でどこまで上達するのか疑問に思うかもしれませんが、一番の収穫は「英語」と「英会話」の違いに気がついたことでした。

　日本の「英語」教育では、文法的な正しさが求められます。でも、リアルな「英会話」は"喋ったもんがち"。レベルが高い学生でも、よく聞いてみると、文法は間違いだらけなんです。文法も大切ですが、英会話で大事なのは「伝える」こと。これに気づくことができてから、失敗を恐れず喋り出せるようになりました。意外と通じるじゃん！　とうれしくなったものです。

　週末は、学んだ英会話を使うために各地の絶景へ旅をしました。地元の方に頑張って話しかけてみることで、授業で学んだことが実践でき、そこで生じた疑問を学校へ持ち帰って授業で解決し、また次の旅先で実践。リアルな英会話の中でトライアンドエラーを繰り返すことで、「生きた英会話」を学ぶことができました。留学と週末旅行の組み合わせ、ぜひ試していただきたいです！

　留学はある程度の費用がかかりますが、出費を抑えたい場合は秋冬がおすすめ。学生は夏休みに留学することが多いので、空いている秋冬が費用が比較的安め。またクラスの人数も減るので、対話が増えてより授業の理解度が上がります。ちなみにわたしが参加したクラスの年齢は、下が17歳から上は68歳まで！　何歳になっても新しいことに挑戦し続けたいものですね。

イギリスでの授業の様子。先生1名に対し生徒は5〜10名ほどでした。

1か月の留学にかかった費用
（マルタの例）

留学の費用	
授業料（グループレッスン＋個人レッスン）	約 **18**万円※
滞在費（1人部屋・食事なし）	約 **10**万円※
航空券（成田⇔マルタ）	約 **13**万円

合計	
約 **41**万円	（€＝125円で換算）

※個人レッスンをなくせば授業料は約半分に下がります
※相部屋にすれば滞在費は2/3ほどに下がります

フランス、イタリア、サウジアラビアの友達と放課後にカフェへ！

カナダ

絶景大国カナダ！　紅葉に滝にオーロラ……
行き先が多すぎて、長期滞在しても制覇できません！

日本と変わらない生活で勉強に集中したくて選んだのが、カナダ最大の都市トロント。10月上旬には「ローレンシャン高原」に行き、日本では見られない規模の紅葉に感動しました。意外に近いのがアメリカとの国境にある「ナイアガラの滝」。「イエローナイフのオーロラ」(p48)も見に行けますよ。

詩歩's Trip ❶紅葉が有名なローレンシャン高原へ。トロントからモントリオールまで電車で行き(約5時間)、1泊してモントリオール発着の日帰りツアーに参加しました。　❷ナイアガラの滝はトロントから電車とバスで約2時間30分。

留学memo
都市：トロント　期間：2か月
時期：2016年10月〜12月
語学学校：ILSCトロント

マルタ

地中海に浮かぶ小さな島国・マルタ共和国
実は魅力溢れるおすすめの国なんです！

イギリス英語を格安で学べる国として大注目のマルタ。城壁に囲まれた「イムディーナ」や世界遺産の巨石神殿がある「ゴゾ島」、海がきれいな「コミノ島」など、週末では回りきれないほど見所も満載。欧州各地へLCCで行けるので格安旅行も可能です。人口の2倍もネコがいるので、ネコ好きにも◎。

留学memo
都市：ヴァレッタ　期間：1か月
時期：2017年12月
語学学校：Easy School of Languages

詩歩's Trip ❶イムディーナは首都ヴァレッタからバスで約30分。コンパクトな島なので、放課後でも絶景に行ける！　❷語学学校があるヴァレッタは、街全体が世界遺産。フェリーで通学していたわたしは、毎日この景色を楽しんでいました。

イギリス

あえてロンドンではなくブライトンへ
イギリスの美しい風景をめぐってきました

ロンドンから電車で1時間のブライトンは、水平線と青い空を毎日眺められる、開放的な街。白亜の絶壁が美しい「セブンシスターズ」には、日帰りで気軽に行けます。週末は足を延ばして北アイルランドへ。バスツアーで「ザ・ダークヘッジ」などを周遊し、本土とは違う英語や文化を学びました。

詩歩's Trip ❶セブンシスターズへは、ブライトンからバスで約1時間＋徒歩約30分。❷北アイルランドを2泊3日で訪問。ロンドンから飛行機で行き、幻想的なザ・ダークヘッジ(写真)や世界遺産ジャイアンツ・コーズウェイなどをめぐりました。

留学memo
都市：ブライトン　期間：1か月
時期：2018年10月〜11月
語学学校：ECブライトン

城壁に囲まれたドブロヴニク旧市街は、中世より地中海交易の拠点として栄えた街。1979年に世界遺産登録。

絶景をめぐる旅α クロアチア

ドブロヴニク

物語の舞台のような歴史ある街並みと、青い湖と滝が織りなす大自然の絶景。どちらも楽しめるのがクロアチアの魅力。ゆっくり旅してお気に入りの景色を見つけたい。

2つの世界遺産で歴史と自然の美を感じて

RECOMMEND
- ☑ 女子旅に最適
- ☑ 世界遺産好きに

ベストシーズン 5月から9月
晴天率が高く、アドリア海が最も美しく見える。

予算 約24万円から

プリトヴィツェ湖群国立公園は広大！事前に下調べして回ると◎

たとえばこんな旅 ▶ 5泊7日

1日目	羽田 → フランクフルトで乗り継ぎ → ザグレブ❶（ザグレブ泊）
2日目	ザグレブを散策、聖マルコ教会❷、失恋博物館❸を見学 → ザグレブ中央バスターミナルからバスでプリトヴィツェ湖群国立公園❹へ、観光（プリトヴィツェ泊）
3日目	プリトヴィツェ湖群国立公園へ、観光 → バスでザグレブへ（ザグレブ泊）
4日目	ザグレブ → 飛行機でドブロヴニクへ → バス、ケーブルカーでスルジ山❺へ、観光（ドブロヴニク泊）
5日目	ドブロヴニク旧市街❻、スルジ山などを観光（ドブロヴニク泊）
6日目	ドブロヴニク → 飛行機でザグレブへ → フランクフルトで乗り継ぎ（機中泊）
7日目	羽田着

詩歩'S COMMENT

クロアチアの二大観光スポット、「ドブロヴニク」と「プリトヴィツェ」。絶景好きなら誰もが知るこの2つの世界遺産をめぐってきました。紺碧の海に浮かぶドブロヴニクの街並みは本当に魅力的！ スルジ山から見下ろす景色に惚れ込んで2日連続で通ってしまい、肝心の旧市街を少ししか回れなかったほど！ 大好きなネコにもたくさん会えました♡ プリトヴィツェ湖群国立公園は2日間とも雨だったけれど、水を得てキラキラと輝くエメラルドグリーンの湖やド迫力の滝に大満足！ 2日に分けて上流部、下流部を撮影しながらハイキングしましたが、どちらも全然時間が足りませんでした。首都ザグレブはカラフルなタイル調の街並みがおしゃれ。世界中から集められた失恋エピソードとそれにまつわる品が展示された「失恋博物館」なんてユニークな施設もあります。ご丁寧に日本語で解説が書かれた冊子もあり、失礼と思いつつもクスッと笑っちゃう。必ず再訪したい国です。

OVERVIEW THE TRIP
✨ 旅のアルバム ✨

PLACE 1 ザグレブ

路面電車(トラム)が走る通りの北は旧市街の丘。2つの尖塔を持つネオ・ゴシック様式の大聖堂をはじめ、重厚感ある美しい建物が並び、まるで中世の世界にタイムスリップしたかのよう。街の中心、イェラチッチ広場は賑やかで屋台が出ることも。

PLACE 2 聖マルコ教会

13世紀に建設されたゴシック様式の教会。国章と市章がデザインされたカラフルなタイル屋根がとってもかわいい！ 夏季には内部が一般公開されることも。

PLACE 3 失恋博物館

一般の方が寄贈した、辛い過去を秘めた恋の遺品が並びます。汚れたぬいぐるみから斧(！)まで、ラインナップが興味深い。

詩歩's POINT 📷

ドブロヴニクの撮影スポットはスルジ山の山頂。ケーブルカーの降り口から少し東側に下ると、旧市街をバックに記念写真が撮れます。

バニエビーチから海越しに旧市街を望む光景も撮影に人気です。プリトヴィツェは天気が変わりやすいので雨対策をしっかりと。

4 プリトヴィツェ湖群国立公園

192km²の広大な森の中、大小16の湖が、92か所もの滝によって階段状につながっており、遊覧船や徒歩で見学できます。とにかく広いので、1泊はしたい。上の写真はエントランス1近くの展望台で撮影。ゆるいS字型の歩道の全貌を俯瞰できます。

石灰岩層を通って浄化された湖水は驚くほど透明度が高く、水底までくっきりと見えるほど。湖に沈む枯れ木も絵になります。

5 スルジ山

標高412mの山頂からは、ドブロヴニクの街とアドリア海を一望。ここから見た夕陽は、人生で暫定一位級に美しかった！

6 ドブロヴニク旧市街

白壁とオレンジ屋根が連なる街並みは「アドリア海の真珠」とも称されます。街を囲む城壁の上は歩くことも（要入場料）。

坂道や階段が多い石畳の路地を散歩。ネコがたくさんいてかわいかった♡

旅のアドレス

❶ ザグレブ
🚃 ザグレブ中央駅下車

※中心部は路面電車（トラム）が概ねカバー。小さい街なので徒歩で回ることもできる

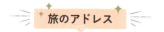

❷ 聖マルコ教会
🚃 ザグレブ中央駅からトラムで約5分、イェラチッチ広場駅下車、徒歩約10分

※途中、全長66mの世界一短いケーブルカー「ウスピニャチャ」に乗っても楽しい

🏠 Trg Sv. Marka 5, Zagreb
📍 www.zg-nadbiskupija.hr/

❸ 失恋博物館
🚃 ザグレブ中央駅からトラムで約5分、イェラチッチ広場駅下車、徒歩約8分

※聖マルコ教会から徒歩約2分

🏠 Ćirilometodska 2, 10000, Zagreb
📍 brokenships.com/

❹ プリトヴィツェ湖群国立公園
🚃 ザグレブ中央バスターミナルからバスで約2時間30分

🏠 Plitvička jezera
📍 np-plitvicka-jezera.hr/en/

❺ スルジ山
🚃 ドブロヴニク空港からバスで約30分、ピレ門（旧市街）下車。徒歩約10分、ケーブルカー乗り場へ。ケーブルカーで約3分、山頂下車。

❻ ドブロヴニク旧市街
🚃 ドブロヴニク空港からバスで約30分、ピレ門前（旧市街）下車

旅のメモ

●所要時間（羽田空港→ザグレブ国際空港）
羽田からフランクフルト空港（ドイツ）まで約12時間。フランクフルトからザグレブ国際空港まで約1時間30分。クロアチアへは、日本からの直行便がないためヨーロッパ主要都市での乗り継ぎが必要。ザグレブ国際空港からドブロヴニク空港まで直行便で約1時間。1日3〜5便。

●日本との時差
−8時間。サマータイム制を導入しており、3月最終日曜〜10月最終日曜は時差が−7時間となる。

●公用語
クロアチア語。観光地では英語やドイツ語がよく通じる。アドリア海沿岸部では、イタリア語が通じるところも多い。

●通貨
クーナ（KnまたはHRK）。補助通貨単位はリパ（Lipa）。1クーナ＝100リパ＝約17円。

●物価
周辺の中欧諸国と比べると高め。コーヒー9〜12クーナ。ピザ1枚が30〜40クーナ。

●おすすめの持ち物
石畳や坂道が多いので、歩きやすい靴。プリトヴィツェは、天気が変わりやすいので、動きやすい防水のウィンドブレーカーなど雨具の用意を。

●国内移動のコツ
ザグレブからプリトヴィツェ湖群国立公園まで、夏期は1日20本前後のバスが運行。所要時間は約2時間〜2時間30分。バス会社は複数あるのでザグレブバスターミナルのサイト（📍 www.akz.hr/）でチェックを。そのままオンライン購入もできるので便利。ザグレブ発着の現地ツアーも豊富。

●ホテル選びのポイント
クロアチアでは、「SOBE（ソベ）」と呼ばれる民泊が盛ん。一般家庭に泊まるというもので、概してホテルよりも安く、政府が定める基準により1〜4つ星の評価制度もある。予約はBooking.comなどで可能。プリトヴィツェに宿泊する際は、公園からのアクセスを要チェック。公園内のホテルに泊まれば、同一入場チケットで翌日も再入場ができる。

●ワンポイント
観光を目的とした、90日以内の滞在についてはビザ不要。

JOURNEYS TO BREATHTAKING PLACES IN THE WORLD

ドブロヴニクで見た人生最高の夕陽

ドブロヴニク旧市街の特徴は、なんといってもその形。スルジ山に登って「アドリア海の真珠」と呼ばれる街の全貌を見下ろすのをお忘れなく。その光景が気に入りすぎて、3日間の滞在で2日も山の上にいたわたしですが、実は山頂で驚きの景色に出会えたのです。

それが夕陽。景色に夢中でずっとスルジ山にいたら、偶然サンセットの時間と重なりました。山頂から東側に下った場所で旧市街の全景を撮影していると、ふと目に入った崖が、なんとピンク色に染まっているではありませんか！ 急いで撮影を切り上げ、走って山頂へ。すると水平線に沈みゆく夕陽にぎりぎり間に合うことができました。

美しいピンクのグラデーション。こんな夕陽見たことない！

今までに見たことがないようなピンク色の夕陽。アドリア海の小さな島々を同じ色に染めつつ、沈みゆくほどにどんどんピンクが濃くなっていき、最後は水平線に隠れていきました。スルジ山が夕陽鑑賞の名所と聞いたことはなかったけれど、わたしがこれまでに見た中でここが「暫定一位」の美しさ！ 個人的には、世界一の夕陽と謳われるギリシャのサントリーニ島にまさる感動がありました。

思いがけない夕陽のサプライズの後は、山頂に唯一あるレストラン「Panorama Restaurant & Bar」でディナー。壁一面がガラス窓で眺望抜群のお店です。名物のシーフードを注文しましたが、夕陽の余韻を残しながら徐々に街明かりで照らされる旧市街の景色が、すでにもうごちそうなのでした。

レストランの窓から海を一望。空いていればぜひ窓際の席をリクエストして。

スルジ山からの夜景もきれい！ かなり暗いので撮影するなら三脚必須。

海抜−116m、気温40度超の過酷な環境にある砂漠。硫黄などの鉱物がつくり出す、極彩色の光景が妖しく美しい。

絶景をめぐる旅α エチオピア

ダナキル砂漠

ここは地球？　荒涼とした大地に現れる摩訶不思議な景色は、ここでしか見られないもの。たどり着くまでの道のりはハードだけれど、その分、絶景と出会えた感動もひとしお。

乗り越えた人のみ見られる"世界一過酷"な絶景

RECOMMEND
- ☑ 旅の上級者向け
- ☑ 冒険したい人に

ベストシーズン 11月から12月
ダナキル砂漠の気温が日中40度ほどと比較的低め。

予算 約28.5万円から

ラリベラへの航空券の手配や車のチャーターは、ダナキル砂漠ツアーの会社(ETT)に依頼

たとえばこんな旅 ▶ 5泊8日

1日目	成田 → シンガポールで給油(機中泊)
2日目	アディスアベバに到着(アディスアベバ泊)
3日目	飛行機でラリベラへ → 車でラリベラの岩窟教会群❶へ、観光(ラリベラ泊)
4日目	車で1日かけてメケレへ(メケレ泊)
5日目	ツアーに参加しダナキル砂漠へ、エルタ・アレ火山❷までトレッキング(ダナキル砂漠泊)
6日目	アフデラ湖❸、ダロール火山❹を見学(ダナキル砂漠泊)
7日目	塩の奇石群などを見学 → 車でメケレへ → 飛行機でアディスアベバへ → ソウルで給油(機中泊)
8日目	成田着

詩歩'S COMMENT

極彩色の大地が広がる宇宙のような「ダロール火山」など、地球上とは思えない光景が見られる「ダナキル砂漠」。"世界一過酷"と言われる場所ですが、ハードルが高いほど行きたくなるのがわたしの性分! 連休中に会社員の友人と訪れました。3日間の現地ツアーに参加しましたが、ダロール火山以外にも見どころがいっぱい。「エルタ・アレ火山」は世界有数の活火山で、真っ赤なマグマが噴き上がる光景はまるで灼熱の太陽! 熱風を吸い込むと本気で喉が焼けそうでした(汗)。ほかにも"ウユニ塩湖"のような塩の大地や、"死海"のように体が浮く湖も。また、エチオピアは古来よりキリスト教が信仰されてきた国。12〜13世紀頃に建設された「ラリベラの岩窟教会群」は世界遺産第1号の重要な遺跡で、なんと、一枚岩をノミと槌で掘り下げてつくられているんです! 内部を見学しましたが、しっかりした構造で、いったいどうやって……? と想像が掻き立てられるばかりです。

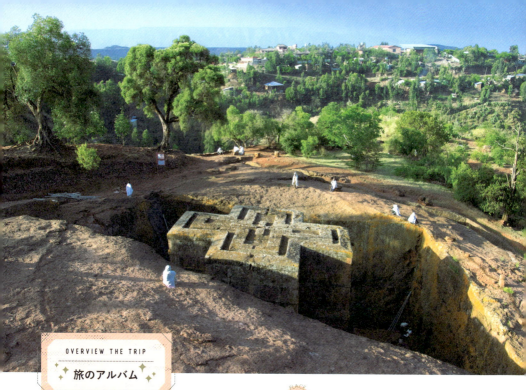

| OVERVIEW THE TRIP |
| 旅のアルバム |

1 ラリベラの岩窟教会群

11の教会で構成されており、今も多くの巡礼者が訪れます。中でも有名なのがギョルギス教会。教会内部には柱がなく、高さ・奥行き・幅12mの十字架の箱のようなユニークな形になっています。

内部の窓や部屋はすべてくり抜いてつくられています。この独特な建造方法は未だに解明されていないそう。

「第2のエルサレム」としてつくられた教会群。エチオピアの人の信仰心に触れたような不思議な感覚でした。

煮込んだ肉や豆などと一緒に！

強烈な酸味を放つインジェラは、穀物の粉をクレープ状に焼いたエチオピアの主食。前評判のわりには意外とイケる……かも？

詩歩's POINT

ダロール火山の極彩色の物質は有害。また地面は脆いため、必ずガイドの指示に従うこと。モノを落とすと回収できないのでスマホはストラップ等でぶら下げておこう。ラリベラの岩窟教会群は遺跡のサイズ感が伝わりづらいので、人を入れて撮影するのがおすすめ。

PLACE 2 ダナキル砂漠／エルタ・アレ火山

ダナキル砂漠ツアーで最初に訪れたのは、標高613m、2つの火口を有する活火山。夜明け前に出発し、歩くこと約4時間。山頂の溶岩湖に轟音とともにうごめく真っ赤なマグマが！ 圧倒的な迫力でした。
※火山活動の状況により見られない場合もあります。

ツアーにはシェフが同行。荒野に急にキッチンが現れ、調理スタート！ けっこうおいしい♡

ビュッフェ形式で食べ放題！

PLACE 3 ダナキル砂漠／アフデラ湖

塩分濃度が高く、湖中に入ると体がプカプカと浮き上がります！ 付近には温泉もあるので、体を休めることもできますよ。

PLACE 4 ダナキル砂漠／ダロール火山

海抜約−50mに位置する火口から、塩分や硫黄、カリウムなどを含む熱水が噴出・冷却されることで緑や黄の極彩色となり、地表を鮮やかに染め上げます。まさに大自然の芸術。

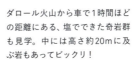

ダロール火山から車で1時間ほどの距離にある、塩でできた奇岩群も見学。中には高さ約20mに及ぶ岩もあってビックリ！

旅のアドレス

❶ラリベラの岩窟教会群
✈🚗 アディスアベバから飛行機で約1時間、ラリベラ空港で車に乗り換えて約25分
🏠 Lalibela 1260

❷〜❹ダナキル砂漠
Ethio Travel and Tours（通称ETT）の現地ツアーに参加
✉ ethiopiatravel@gmail.com
🌐 www.ethiotravelandtours.com/

ツアーの申し込み方法について

ダナキル砂漠へ行く際は、ツアーへの参加が必須。「ETT」では日帰り〜4日間のツアーがあり、アレンジも可能です。今回の行程を例に、オンライン予約の方法をご紹介します。

①TOP画面から「TOUR」→「DANAKIL」を選択。現地（メケレ）発着の、ダナキル砂漠を含むツアー一覧が表示されるので、「Danakil 3 Days」を選択。内容をよく読み（翻訳サイトなどを使いながら読解していこう）、OKであれば画面左上の「BOOK（予約）」を押す。

②「Inquiry（問合せ）」が表示されたら、【名前】【メールアドレス】【国籍】【人数】【到着日】を英語で入力。ダナキル砂漠3日間に加えて、国内線の手配や空港送迎、ラリベラの岩窟教会群観光、ホテルの予約もお願いしたい場合など、要望・質問があれば「Message」に入力を。

③すべて入力したら「SEND（送信）」。数日後に、ETTから返信があるので料金などを確認しよう（料金交渉してみても）。OKであればその旨返信し、予約が確定される。支払いは、現地オフィスにてクレジットカードかアメリカドルで済ませる。

旅のメモ

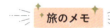

●**所要時間（成田空港→ボレ国際空港）**
エチオピア航空の直行便で約16時間20分。途中、ソウルなどで給油のために一度降機する必要がある。

●**日本との時差**
−6時間。サマータイムはない。エチオピアでは、6〜18時、18〜翌6時をそれぞれ1サイクルとする独自の12時間制を採用している。現地で時刻を確認する際は要注意。

●**公用語**
アムハラ語。80以上の民族が暮らし、それぞれ異なる言語を有する。英語が通じる場合も多い。

●**通貨**
エチオピア・ブル（Birr）。補助通貨単位はサンチューム（Santiom）。1ブル＝100サンチューム＝約3.7円。

●**物価**
概して日本より安い。ミネラルウォーター（500ml）7〜10ブル、ビール10ブル〜。

●**おすすめの持ち物**
ラリベラの岩窟教会群及び近辺はダニの温床。遺跡内部は土足厳禁のため、レジ袋を履いてダニ除けを。ホテルのベッドにはビニールシートを敷くとよい。ダナキル砂漠にはトレッキングシューズ、日焼け防止グッズ、塩分補給ができる飴、手指消毒剤やボディシートなどの衛生用品を。

●**国内移動のコツ**
主要都市間はバスも運行しているが、未舗装道路が多くハード＆時間がかかるため飛行機がおすすめ。市内は路線バス及びミニバス（乗り合いタクシー）が運行。タクシーはメーターではなく交渉制。交渉が不安ならツアー会社に車の手配を頼んで。

●**ホテル選びのポイント**
送迎付きでツアー会社に手配してもらうと安心。

●**ワンポイント**
ビザが必要。エチオピア大使館またはオンライン（e-VISA）で申請を。入国時にボレ国際空港でも取得できるが、事前手配が安心。なお、エチオピアは黄熱予防接種推奨地域に指定されている。必須ではないが気になる場合は受けておこう。

JOURNEYS TO BREATHTAKING PLACES IN THE WORLD

本当に過酷だった！
ダナキル砂漠ツアーの裏側

ダナキル砂漠が"世界一過酷"とされる理由は三つあります。一つ目は海抜が低く異常に暑い"気象面"、二つ目は"治安面"、三つ目は野宿が必要という"立地面"です。暑さは耐えるしかないけど、治安はツアーに私兵が同行するということでクリア。野宿はわたしも初体験でしたが、建物はおろか道すらない場所に行くのです。割り切るしかない！

移動に使うのは四輪駆動車ですが、タイヤが砂に埋まってしまい、全員で押して救出する場面も。

わたしが参加したツアーは、参加者・スタッフ合計40名ほどの大所帯。車を連ね道なき道を進みます。初日のメインはエルタ・アレ火山。真っ赤なマグマを夜に見るため、車を降り、4時間歩いて火口へ向かいました。40度を超える気温でのトレッキングで、体中がベトベト……。でも、その日の宿は火口付近の溶岩の上にマットレスを敷いた"星空ベッド"で、シャワーはおろか天井・壁すらありません。汗を流せないのは気持ち悪いけど、ボディシートでひと拭き。またすぐに汗をかくし、と思えば案外気になりませんでした。寝付けるか不安でしたが、疲れ果てていたため即就寝。自分の順応力に驚きです(笑)。

一番困るのはトイレ。もちろん設備はないので"その辺"でします。さえぎるものがないので、みんなできるだけ遠くまで走って……思い出すとなんだか笑えてきます。

3日間、ほぼ移動時間だったけど、陽気なスタッフさんたちとのドライブは意外と苦ではありませんでした。この過酷さを乗り越えた人だけが見られる絶景、見てやったぞ〜！

このマットレスで就寝。満点の星空の下で眠る、これぞ「スターベッド」！

野宿用のマットレスはラクダが運んでくれます。ありがたい〜。

ウブド郊外にあるアクティビティ施設。ジャングルに向かって漕ぐ迫力満点のブランコや写真撮影が楽しめる。

絶景をめぐる旅α インドネシア

バリ島の バリスイング

ビーチリゾートのイメージが強いバリ島ですが、寺院や棚田など絶景スポットもいっぱい。
大自然を体感できるバリスイングをはじめ、新しいバリの楽しみ方を探してきました。

天空へBIGスイング！
迫力満点オトナのブランコ

--------- RECOMMEND ---------

☑ 女子旅に最適

☑ 3連休で行ける

ベストシーズン **4月から10月**
乾季のため、湿度が低く過ごしやすい。

予算 **約14.5万円から**

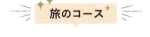

BALI
バリ島

❺マハギリ・パノラミック・リゾート＆レストラン
❼ランプヤン寺院
❹バリスイング ・ウブド
・ロータス シービュー
❶タナロット寺院
❸スミニャック ・デンパサール
✈ ングラ・ライ国際空港
❻クタビーチ
❷アヤナ リゾート＆スパ バリ
ジンバラン

タクシーをチャーターして島のあちこちへ。現地ツアーも豊富なので活用しても◎

たとえばこんな旅 ▶ 2泊4日

1日目 成田 → バリ島（デンパサール）→ タクシーでタナロット寺院❶へ、観光 → アヤナ リゾート＆スパ バリ❷へ、ロックバー バリでサンセット鑑賞 → スミニャック❸で買い物（スミニャック泊）

2日目 タクシーでウブドへ、バリスイング❹に挑戦 → マハギリ・パノラミック・リゾート＆レストラン❺でライステラスを望みながらランチ → ウブドで買い物 → クタエリアへ、クタビーチ❻でサンセット鑑賞。マッサージも堪能（スミニャック泊）

3日目 タクシーでランプヤン寺院❼へ、参拝 → デンパサール → （機中泊）

4日目 成田着

詩歩'S COMMENT

ビーチリゾートにあまり興味のなかったわたしには縁遠かったバリ島。でも、渓谷に向かって巨大ブランコを漕ぐアクティビティ「バリスイング」を知った瞬間、「コレ、やりたい！」とバリ島行きを決定。調べてみるとリゾート以外の見どころも多く、特にランプヤン寺院にある"天空の門"は近年海外でも話題！　バリ島の宗教「バリ・ヒンドゥー」の特徴である割れ門越しに見るアグン山は実に神聖で、少し遠いけどわざわざ足を運ぶ価値アリです。

バリ・ヒンドゥーはとても興味深いのでぜひ渡航前に勉強を。サンセットスポットでイチオシなのはアヤナ リゾート＆スパ バリの「ロックバー バリ」。宿泊しなくても利用できます。岩礁の波打ち際から眺める夕陽は格別♡　潮風を感じながらのお酒はいっそうおいしく感じられます。洗練された雰囲気の街・スミニャックではショッピングも満喫しました。さまざまな楽しみ方があるバリ島、女子同士の旅にぴったりです！

OVERVIEW THE TRIP
✨旅のアルバム✨

PLACE 2 アヤナ リゾート&スパ バリ
海にせり出した断崖絶壁につくられ、インド洋が一望できる「ロックバー バリ」で夕陽鑑賞。混雑で入場規制がかかる場合もあるので、早めに入店を。どの席からも海を望めますが、海際だと波しぶきがかかることも(笑)。

PLACE 1 タナロット寺院

インド洋に浮かぶ岩山に建つ、ヒンドゥー教の寺院。干潮時は陸続きとなり、歩いて渡ることができます(寺院には立ち入りNG)。夕陽の名所としても有名。

PLACE 3 スミニャック

カフェやブティックなどが集まるバリ島きってのおしゃれエリアでワンピースをお買い上げ。疲れたらマッサージで一休み。

詩歩's POINT

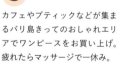

バリスイングのブランコは一つではなく複数あります(しかも年々増設中!)。ロープが長いほうが写真映えするのでブランコ選びの参考に。クタビーチのリフレクション(反射)は、打ち寄せた波がひく一瞬を逃さずに撮影を。18時頃の夕陽の時間帯が一番幻想的!

4 バリスイング

バリ島中部のウブドには複数のブランコ施設が。わたしは「バリスイング」で体験。鳥の巣を模したフォトスポットも人気です。

5 マハギリ・パノラミック・リゾート＆レストラン

バリ島東部にある眺望抜群のレストラン。ライステラス（棚田）を望みながらインドネシア料理を満喫！

7 ランプヤン寺院

バリ・ヒンドゥー教徒にとって重要な寺院の一つ。標高約1000mに位置し、太陽の神様が祀られています。長い階段をゆっくり上がること約10分。そびえ立つ割れ門まで登りきって振り返るとバリ島最高峰・アグン山が目の前に！ 圧巻の一言でした。

6 クタビーチ

ビーチ沿いの散歩は夕暮れ時がおすすめ。この写真を撮影したのはディスカバリーショッピングモールを抜けたあたり。人気の夕陽スポットなので、多くの人が集まります。ビーチベッドのレンタルもできますよ。

旅のアドレス

❶タナロット寺院
🚗 スミニャックから車で約50分
🏠 Beraban, Kediri, Kabupaten Tabanan

❷アヤナ リゾート&スパ バリ
🚗 スミニャックから車で約40分
🏠 Jl. Karang Mas Sejahtera Jimbaran
📍 www.ayana.com/ja/bali/ayana-resort-and-spaor.jp/

❸スミニャック
🚗 ングラ・ライ国際空港から車で約30分
※スミニャック通りやオベロイ通りなどの中心部は、徒歩で回ることができる

❹バリスイング
🚗 スミニャックから車で約1時間
🏠 Jl. Dewi Saraswati, 80352 Bongkasa Pertiwi, Kabupaten Bandung
📍 www.baliswing.com/activities/swing/

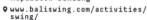

❺マハギリ・パノラミック・リゾート&レストラン
🚗 ウブド中心部から車で約1時間
🏠 Jl. Surya Indah, Desa Rendang, Kec. Rendang, Rendang, Karangasem, Kabupaten Karangasem
📍 www.mahagiri.com/

❻クタビーチ
🚗 スミニャックから車で約30分
🏠 Jl. Pantai Kuta

❼ランプヤン寺院
🚗 スミニャックから車で約3時間
※渋滞を避けるため早朝出発がおすすめ
🏠 Bunutan, Abang, Seraya Bar., Kec. Karangasem, Kabupaten Karangasem

●ここもおすすめ!
ロータス シービュー
海沿いに建つ眺望抜群のレストラン。アジア料理やパスタなどがいただける。ランプヤン寺院の帰りに立ち寄りたい。
📍 www.facebook.com/lotusseaviewcandidasa/

旅のメモ

●**所要時間(成田空港→ングラ・ライ国際空港)**
ガルーダ・インドネシア航空の直行便で約7時間30分。

●**日本との時差**
−1時間。サマータイムはない。

●**公用語**
インドネシア語。観光地の多くは英語が通じ、中には日本語が話せるスタッフがいることも。

●**通貨**
ルピア(Rp.)。1万ルピア=約80円。変動が大きいので旅行前に最新レートの確認を。

●**物価**
ローカルなスーパーや食堂では安価に楽しめるが、高級レストランでは日本と大差ない場合もある。

●**おすすめの持ち物**
寺院ではノースリーブや短パンなど、露出が多い服装は宗教上NGのため長袖や長ズボン、ストールを。サロン(腰巻の布)を貸し出してくれる寺院もある(有料の場合あり)。虫除けスプレー。

●**国内移動のコツ**
路線バスが運行しているが明確な時刻表がないため、近場ならメータータクシーが便利。観光地を中心に渋滞が多いため時間に余裕をもって移動しよう。運転手付きの車のチャーターや、現地発着ツアーの利用もおすすめ。日本人が経営する「バリ・ツアーズ.com(📍bali-tours.com/)」では日本語ガイド付きの各種ツアーも。バリスイングは、オンラインで事前申し込みが可能。宿から送迎込みのプランもある。

●**ホテル選びのポイント**
ナイトライフを楽しみたい場合は、徒歩で繁華街へアクセスできる宿がおすすめ。

●**ワンポイント**
バリ・ヒンドゥー教では、月経中の女性は寺院への立ち入りが禁止されているので注意。観光を目的とした、30日以内の滞在についてはビザ不要。

JOURNEYS TO BREATHTAKING PLACES IN THE WORLD

意外と怖い！バリスイング体験記

わたしは、バリ島は「フォトジェニックの聖地」だと思っているのですが、そのバリ島で特に流行っているのが「ブランコ」です。ブランコと言っても、公園で子供が遊んでいるものとはまったく違い、スリル満点！ ウブドのジャングルに向かって漕ぐような"天空のブランコ"です。中でも先駆けだった施設が、わたしが訪れた「バリスイング」。

人気(ひとけ)のない場所にひっそりあるのかな？　と思っていたら、想像以上に整った施設で、事前に同意書へのサインも必要。さらに、写真ではわかりづらいですがブランコに乗る際は腰にロープも装着しているので、安全面の対策もバッチリです！

ブランコは地面から少し高い位置にあるので、屈強な係員が数人がかりで乗せてくれます。そして、思いっきりスイ～ング！！！　わたしは実は高所恐怖症。ブランコの下は急斜面なので「落ちたらどうしよう……」と心配で仕方がない！　そんなわたしの恐怖を感じ取ったのか、スタッフさんは逆に全力でブランコを押してきます。目の前のウブドの景色はもちろんきれいなのですが、いかんせん身一つで空を切っているので、けっこう怖い！　数往復で「OK！　ストップ！」と言ったものの、おもしろがって全然やめてくれません(笑)。

ブランコ体験は無事終了しましたが、心臓はバクバク。高所が苦手な人は心の準備をして行ってくださいね！　こんな陽気なスタッフさんとのやりとりも、今では笑い話です。

書類は英語で記載。不明点があればきちんと確認しよう。

ブランコには数人がかりで乗せてくれます。いざ、スタート！

1年後に再訪問したら、立派な建物が完成していました。

詩歩の絶景相談室

SHIHO'S RECOMMENDATTION 世界編 A GUIDE TO FIND PLACES

こんな絶景ありますか？

ACTIVE!

Q1
山が見たいけど登山はイヤ！手軽に行ける場所はない？

> 断然スイス！山頂付近まで鉄道で行けます

マッターホルン （スイス）

山岳観光の最先端をゆくスイス。展望スポットまで鉄道で行けるので、ハードな山登りは不要。車椅子の人も訪れます。いろいろな駅で下車して違う角度から山の眺望を楽しんで。

イタリアとの国境に位置する標高4478mの独立峰で、その壮麗な姿から世界的に有名。上の写真はローテンボーデン駅付近で撮影。同駅近くのリッフェル湖では湖に反射する「逆さマッターホルン」が見られる。

Heaven

Q2
海がきれいで混雑ナシの秘境ビーチを教えて！

> わたしの暫定一位はこのビーチ

ウベア島 （ニューカレドニア）

「天国にいちばん近い島」と形容されるウベア島は、本島から日帰り可能。25kmに渡る白砂のビーチと青い海がつくり出す光景は夢のよう。上の写真は、最も美しいといわれるムリビーチをムリ橋から撮影したもの。

色鮮やかさなら断然ウベア島のムリビーチ！ インクを溶かしたような青のグラデーションと、歩くとキュッと音が鳴る白砂。こんなに美しいのに人も少なくて、まさに楽園！

「とにかくきれいな海が見たい」「おもしろい体験がしたい」。そんな気分に合った行き先を教えてもらえたり、わがままな要望にも応えてくれる旅行会社があったらうれしいですよね。そこで絶景コンシェルジュ詩歩が、みなさまの様々なリクエストに応じて、世界の旅行先をご案内します!

Q3

人生で一度は気球に乗りたい!
どこで乗るのがおすすめ?

世界遺産を空から見る浮遊体験!

カッパドキア (トルコ)

南北約50kmに渡り奇岩や遺跡が点在する地域。不思議な形の岩が林立する景観が見られるほか、地下都市などの古代遺跡も見応えがある。奇岩を空から眺める気球ツアーが人気(日本語対応可能なツアー会社もあり)。

鳥になった気分で世界遺産の奇岩を眺められるうえ、一斉に気球が飛ぶ景色も楽しめます。日の出とともに離陸した気球が、ほかと競うようにふわふわと飛ぶ光景は幻想的です。

Q4

サクッと行ける東南アジアの最新スポットを知りたい!

ホイアン!直行便も増え、大注目の街です

ホイアン (ベトナム)

かつて交易都市として栄えた世界遺産の街。日本から直行便で行けるダナンから車で約40分と、アクセスも◎。上の写真はアン・ホイ橋付近のランタン屋台で撮影。お店での撮影は有料の場合もあるので確認を。

あちこちでランタンが灯るかわいい街。古くから日本と交流があり、ランタンは日本より伝来という説も。満月の夜の「ランタン祭り」が有名ですが、それ以外の日も楽しめます!

HOW TO TAKE GREAT　　　　LANDSCAPE PHOTOS

SHIHO'S TIPS

絶景の魅力が伝わる写真の撮り方

絶景を目にしたら、その感動を誰かに共有したくなるはず。
目の前の景色を実物に近い形で収める方法をご紹介します。

これ基本！ 詩歩が絶景撮影に持っていくもの

SONY α7Ⅱ

デジタル一眼レフカメラ

一番出番が多いメインカメラです。重くて大きい一眼カメラが多い中、αはフルサイズで高性能なのに小型・軽量なのが気に入っています。メインレンズは「ZEISS」の24-70mmズームレンズ。普通の旅ならこれ1本！

Kenko Tokina PRO1D プロND8

フィルター

サングラス的な役割のもの。まぶしい朝日や反射する水面などの撮影時に大活躍。遮光度の強さは数種類あるので必要に応じて選ぼう。

VANGUARD HAVANA 41

カメラバッグ

カメラバッグに見えないかわいさ！ PC、SDカード、三脚が収納でき、防水カバー付属。トランクの持ち手にもつけられます。

VANGUARD VEO 204AB
（生産完了・後継商品あり）

三脚

3のリュックに差し込んで持ち運べる折りたたみ式。重さも約1.2kgと軽量で、星空撮影やセルフタイマーでの自撮りに活用中。

収納中

内部が上下2分割されていて、下にカメラ本体とレンズを収納。仕切りがあるので破損が防げて安心！

これがあれば！撮影がもっと楽しくなるもの

5

iPhone
シンプルな操作性が◎。即UPしたい写真や動画用。

Google Pixel
夜景モードが秀逸。三脚なしで手ブレなく撮れます。

Simplism LightningStrap
Lightningコネクターに差し込めるネックストラップ。

スマートフォン

今やスマホカメラも高性能。食事などはすべてスマホで撮影しています。盗難紛失防止にストラップは必需品！　Lightningに差すだけのストラップを愛用。

6

DJI Mavic Air
スマホをコントローラーに設置します。

買ったその日に飛ばせるほど簡単！

ドローン

500mlのペットボトルより小型な「Air」。それでも簡単な操作で数km先まで飛ばせます！　購入が不安な方は、レンタルサービスで借りて試してみるのもおすすめ。

7

EXILIM EX-FR100L
（生産完了）
ひとり旅で大活躍のカメラ。生産完了してしまったので早めにGETを！

分離した状態

自撮り用カメラ

人に撮ってもらったような"他人撮り風自撮り"ができるカメラ。本体を分離してレンズを設置し、モニターは手元に。構図を確認しながらシャッターが押せます！

8

DJI Osmo Pocket
ドローンと同じDJI製。スタビライザー付きで手ブレ知らず。

ポケットにも入る手のひらサイズ！

動画用カメラ

これ1台で、映画のワンシーンのような動画が撮影可能。広角なのでYoutuber風に自撮りしながらの撮影もできます。スマホを装着してモニターとして利用できます。

詩歩流・絶景撮影のコツ

星の撮影は新月の日に

星空をきれいに撮るには、月明かりがない新月の日がおすすめ。月が明るい日に撮影するなら、ネット等で月の入りの時間を調べて、月が沈んでいる間を狙って。

イルミネーションは雨の日が狙い目

雨の日に行くと、濡れた道や水たまりに光が反射して地面もキラキラに！ 観光客も減るのでより撮りやすいです。

無人のタイミングを狙って！

いくら素敵な場所でも、観光客がたくさん写っていると魅力半減。朝イチなど人がいない時間帯を狙いましょう。

とにかく待つ！

天候は頻繁に移り変わるもの。どんより曇り空の日も、根気よく待てば、雲の切れ間からきれいな青空が出ることも！

自撮りのコツ❶

近くに撮影を頼める人がいない場合は、三脚とセルフタイマーor遠隔シャッターで。この写真は、10秒タイマーを押した後にここまでダッシュして写り込んでいます。

自撮りのコツ❷

そばに人がいるなら、撮影慣れしてそうな人に依頼してみよう。わたしは「目線なしのナチュラルな感じで」と伝えつつ、連写＆広角＆オート設定でお願いします。

撮ったあとは 画像の編集を忘れずに

使っているのは

Adobe Lightroom

スマホ版アプリも

スマホで編集しやすいアプリもあり、無料で使用可。機能は限られますが十分使えます。

写真編集ソフト。わたしはクラウドベースでPCやスマホなどで使えるLightroom CCを愛用。有料ですが性能は抜群！ 部分的な明るさや特定の色だけ調節する機能が超便利。わたしの写真はすべてこれを使っています。月額980円の「フォトプラン」がおすすめ。

編集すると……

BEFORE

色鮮やかな夕陽のグラデーションに感動して撮ったのに、カメラのデータは暗くどんよりした雰囲気に。目で見た色味がまったく再現できていません。

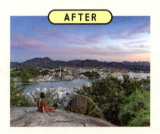

AFTER

わたしが見た本物の景色はこちら！「かすみの除去」で空をくっきりさせ、「シャドウ」を調節して暗く写った手前の人物と街並みを明るくしました。

画像を編集するということは

画像編集というと、プリクラで目が実物より大きくなるような「ニセモノ」をつくる手法と言う方もいます。でもわたしにとっては「目で見た景色」を再現する手段。そもそも「カメラのレンズ」と「人間の瞳と脳」とでは性能が違い、見た光景をそのままに再現できません。それを調節するのが画像編集。編集することで、より実物に近い写真になります。

自然がもたらす
奇跡の風景

BREATHTAKING SIGHTS
PHOTO ALBUM

ユニークで、美しい風景があふれるこの世界。誌面で紹介しきれなかったおすすめのスポットを一挙ご紹介します。

龍厳淵(静岡県) 潤井川沿いに咲く55本の桜と冠雪した富士山。"まさに日本"なコラボ。

桜の絶景

GUIDE TO CHERRY BLOSSOMS IN JAPAN

さきたま古墳公園（埼玉県） 約200本の桜が咲く花見の名所。日本最大規模の円墳「丸墓山古墳」の頂上にも桜が咲く。

桜峠（福島県） 2001年の愛子内親王殿下の生誕などを記念して、約3000本の桜を植樹。GW前後まで楽しめる。

春の始まりを感じさせる淡いピンク色の桜。楽しめる期間は短いけれど、その潔さもまた魅力の一つ。わざわざ足を運びたくなる個性的な桜スポットをご案内します。

東蕗田天満社（茨城県）菅原道真を祀る神社。裏参道の桜並木と鳥居が美しく、夜はライトアップも行われる。

冨士霊園（静岡県）富士山の麓に位置する聖地公園。約8000本の桜が咲き誇る「日本さくら名所100選」の一つ。

紅葉の絶景

AUTUMN COLORS IN JAPAN

渋峠から見た芳ヶ平（群馬県） 芳ヶ平は群馬県北部の湿原。渋峠から眺めると、ジオラマのような紅葉が望める。

鬼押出し園から見た軽井沢おもちゃ王国（長野県） 紅葉の海に浮かぶ観覧車が、かわいいおもちゃのよう。

散る前の最後のチカラを振り絞って色づく紅葉。赤・橙・黄が混ざり合うもよし、単色に染まるもよし。東京近郊から、遠出してでも行きたいスポットまで幅広くセレクト。

昭和記念公園(東京都) 約100本のイチョウの落葉がつくり出す、300mもの"黄金色の絨毯"が美しい。

西沢渓谷(山梨県) 日本屈指の渓谷。特に七ツ釜五段の滝は圧巻。入口から滝までは約2時間のトレッキングが必要。

動物の風景 4 PLACES ANIMAL LOVERS SHOULD VISIT IN THE WORLD

セブ島のジンベエザメ（フィリピン）　島南部のオスロブはジンベエザメの餌付けに成功した町。一緒に泳げる！

ボルダーズビーチのペンギン（南アフリカ共和国）　絶滅危惧種のケープペンギンを、間近で観察・撮影できます。

景色を眺めるのもいいけれど、たまにはこんな野性味あふれる体験はいかが!? 大きな生き物から小動物まで、愛らしい動物を至近距離で楽しめるスポットを集めました。

青島のネコ（愛媛県） 瀬戸内海に浮かぶ、島民6人、ネコ200匹以上の島。訪問時は餌やり等のルールを守って。

大久野島のウサギ（広島県） 700羽以上のウサギが生息する島。戦時中は毒ガス工場があり、現在も遺構が残る。

詩歩が行ってきた！

日本を旅して絶景めぐり

海外と比べると気軽に旅しやすい国内ですが、大事なのはタイミング。
「この時期だからこそ見られる／できる」を念頭にコースを組み立てれば、
一番美しい盛りの景色を見たり、思い出に残る体験ができます。
詩歩イチオシの日本の絶景コース、ぜひ、楽しんできてくださいね。

―――――

この地図に記載しているのは、書籍の中で大きく扱っているスポットのみです。
これ以外にも多くの都道府県のスポットを掲載しているので、
ぜひページをめくってお近くの絶景を探してみてくださいね！
p38の「ベストシーズンカレンダー」もご参照ください。

⑩ SORA terrace（長野県）……………………088
⑪ 鶏足寺の紅葉（滋賀県・京都府）……………094
⑫ 国営ひたち海浜公園のネモフィラ（茨城県）…098
⑬ 真名井の滝（宮崎県）…………………………106
⑭ 弘前公園の花筏（青森県）……………………112
⑮ 青い池（北海道）………………………………118
⑯ SENDAI光のページェント（宮城県）………126
⑰ 角島大橋（山口県）……………………………130
⑱ 父母ヶ浜（香川県）……………………………134
⑲ 服部農園あじさい屋敷（千葉県）……………140
⑳ 都田駅（静岡県）………………………………146
㉑ 星峠の棚田（新潟県）…………………………150

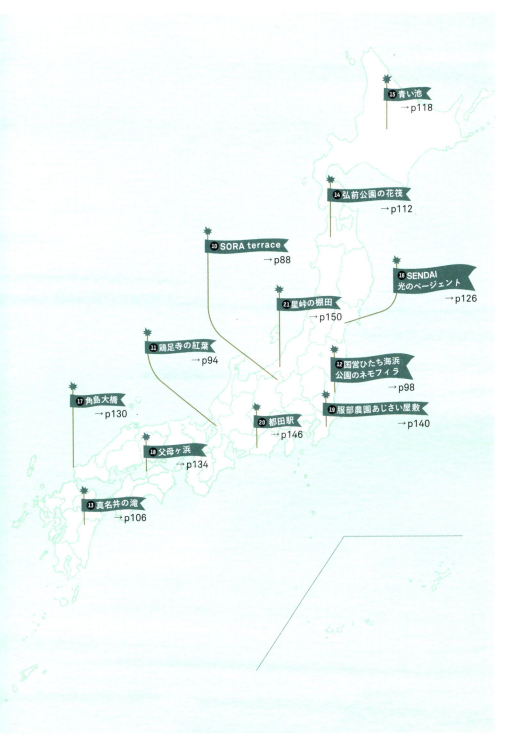

竜王山の標高1770m地点に建てられたテラス。高確率で一面に広がる雲海を楽しむことができる。

絶景をめぐる旅 α 長野県

SORA terrace

タイミングを合わせるのが難しい雲海ですが、ここ SORA terrace は出現率が高いのが魅力。泊まりがけで行けば、温泉やサルの見学など、ほかのアクティビティも楽しめちゃいます！

絶景大国ながの県
本日も雲海発生中！

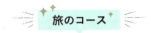旅のコース

RECOMMEND
- ☑ 雲海発生率高し
- ☑ 車がなくてもOK

ベストシーズン 5月下旬から11月上旬
SORA terraceの例年のオープン期間。

予算 約4.5万円から

たとえばこんな旅▶1泊2日

1日目　東京 → 新幹線で長野へ → 電車で湯田中へ → シャトルバスで竜王ロープウェイ乗り場へ → ロープウェイでSORA terrace❶へ、雲海を鑑賞 → ロープウェイとシャトルバスで湯田中へ → バスで渋温泉へ、歴史の宿 金具屋❷のライトアップを見学（歴史の宿 金具屋泊）

2日目　バスで地獄谷野猿公苑❸へ、サルを観察 → バスで湯田中へ → シャトルバスで竜王ロープウェイ乗り場へ → ロープウェイで再びSORA terraceへ、雲海を鑑賞 → ロープウェイとシャトルバスで湯田中へ → 電車で長野へ → 新幹線で帰宅 → 東京着

雲海に出会う確率を上げるため初日も2日目もSORA terraceへ

詩歩'S COMMENT

個人的に日本で一番気軽に雲海が楽しめると思っている場所、それがこの「SORA terrace」です。ロープウェイで標高1770m地点まで登る途中、雲の中を抜けて視界が開けると、そこはもう雲海の上！　乗客一同から「ワーッ！」と歓声があがります。ふわふわした一面の雲海はダイナミックで、厚くなったり消えたり、また出たり。SORA terraceは朝から夕方まで営業しているので早起きする必要もなく、おしゃれなカフェでコーヒーを飲みながらゆっくりと雲海を楽しめます。雨の日でも、SORA terraceでは雨雲の上に発生している雲海が見られることも！　雲海発生率は寒暖差のある朝or夕方が高いですよ。また、北信エリアにはSORA terrace以外にもお楽しみがいっぱい。海外でも人気の高い「温泉に入るサル」がいる「地獄谷野猿公苑」もこの地域です。「歴史の宿 金具屋」は、ジブリ映画に出てきそうな、ノスタルジックな老舗旅館。"泊まれる文化財"で歴史を感じてみて！

OVERVIEW THE TRIP
旅のアルバム

麓から山頂エリアを結び、166人が乗れる世界最大級のロープウェイ。北アルプスや妙高山、天気のよい日は佐渡島まで見渡せます！

山頂エリアにある山野草ガーデンではブルーポピーなど希少植物も。

1 SORA terrace

2018年グリーンシーズンの雲海発生率は64.3％！ 山麓から山頂を見て雲がかかっているときや、夕立などの急な雨のあと、日中と夕方の寒暖差が大きいときなどが狙い目。夕方に雲海が発生すると雲海に夕陽が沈む感動的な光景が見られます。

ソファでくつろぎながら景色を堪能したいときはSORA terrace cafeへ。地元産の食材を使ったメニューが豊富。

自分だけの雲海！？

オリジナルブレンドのコーヒーに雲をかたどった「雲海マシュマロ」をトッピング！ マイルドな味わいに。

PLACE 2　渋温泉／歴史の宿　金具屋

木造4階建ての「金具屋斉月楼」と、200畳を越える「金具屋大広間」は国の登録有形文化財。4種の自家専用源泉が注がれる8つの浴場があり、湯めぐりも楽しい。

PLACE 3　地獄谷野猿公苑

標高850mの山間部にあり、野生のニホンザルの群れを間近に観察できます。寒い時期は気持ちよさそうに温泉に浸かる姿が、春は赤ちゃんザルが見られることも。

詩歩's POINT

地獄谷野猿公苑は公式サイトで現地の最新状況が見られます。

雲海に出会うコツ……それは「ひたすら待つ」こと！　雲海は出ては消える生き物のような存在。到着時に雲海がなくても落ち込まず、カフェでゆっくり待ちましょう。わたしも訪れたときは4時間待ちました！　金具屋はライトアップが美しいので、ぜひ夜に鑑賞を。

✦ 旅のアドレス ✦

❶ SORA terrace
🚃長野電鉄湯田中駅から無料シャトルバスで約30分、竜王ロープウェイ乗り場へ。ロープウェイ山麓駅から約8分、山頂駅下車すぐ　🚗上信越自動車道信州中野ICから約30分（竜王ロープウェイ乗り場まで）

※11月下旬から5月上旬はスキー場としてオープン。観光プランでSORA terraceのみの利用も可能

🏠山ノ内町夜間瀬11700
📍www.ryuoo.com/

❷ 歴史の宿 金具屋
🚃長野電鉄湯田中駅から長電バス「上林温泉」行きで約10分、渋温泉下車、徒歩約2分　🚗上信越自動車道信州中野ICから約20分

🏠山ノ内町平穏2202
📍www.kanaguya.com/

❸ 地獄谷野猿公苑
🚃長野電鉄湯田中駅から長電バス「上林温泉」行きで約15分、終点下車、徒歩約35分　🚗上信越自動車道信州中野ICから約30分、上林温泉駐車場から徒歩約35分

🏠山ノ内町平穏6845
📍jigokudani-yaenkoen.co.jp/

✦ 旅のメモ ✦

●**所要時間（東京駅→湯田中駅）**
東京から長野駅までJR新幹線あさまで約1時間50分、長野から湯田中駅まで長野電鉄長野線で約45分～1時間10分。

●**移動のコツ**
湯田中駅から利用する路線バス及び無料シャトルバスは本数が少ないので事前に時刻の確認を。

●**おすすめの持ち物**
SORA terraceは標高約1770mに位置し気温が低いため上着を持参しよう。

●**ホテル選びのポイント**
SORA terrace最寄りの湯田中駅近辺に宿泊すれば、ゆっくり雲海待ちができて安心。温泉宿も多いので、湯めぐりも楽しめる。

●**ワンポイント**
地獄谷野猿公苑のニホンザルは野生のため、天候や季節、不規則な行動などにより開苑時間内でも出会えない場合がある。

SHIHO'S FAVORITE DESTINATIONS
長野の絶景旅プラン

まだまだある!

SHIHO'S PICK 1
菜の花畑と カフェをめぐる春
（中山高原〜美麻珈琲）

菜の花ロードを歩こう!

一面の黄色い菜の花と 北アルプスのコラボを堪能

かつて中山スキー場だった中山高原の荒廃地に蕎麦の種をまいたところ、菜の花も咲きはじめたという「中山高原 A 」。春には菜の花、秋には蕎麦の実と2回作物が育ちます。一面が黄色い菜の花で覆われる様子は圧巻! 晴天時には背景に北アルプスも望めます。近くの「美麻珈琲 B 」ではお茶やケーキがいただけ、年によっては席から菜の花も見えますよ!

中山高原 🏠 大町市中山高原 美麻珈琲 🏠 大町市美麻14902-1
＊JR信濃大町駅から車で約12分。市民バス「ふれあい号」を使う手段もある（運行ルート・日時は要確認）。

カラマツを入れて撮ろう

SHIHO'S PICK 2
一面緑の世界に ひたる夏
（御射鹿池〜 北八ヶ岳ロープウェイ）

鏡のように反射する モスグリーンの世界

東山魁夷の名画『緑響く』の題材である「御射鹿池 A 」。新緑の木々が水面に映り込む光景はまさに絵画のよう。この風景を見るには、無風の日の日の出前がおすすめ。早朝は朝もやが残り幻想的。水面も静かなので鏡のように木々を反射します。池を鑑賞したら近くの「北八ヶ岳ロープウェイ B 」へ。標高2237mから見事なアルプスの眺望が楽しめます。

A 御射鹿池 🏠 茅野市豊平奥蓼科
B 北八ヶ岳ロープウェイ 🏠 茅野市北山蓼科4035-2541 ＊早朝に御射鹿池を撮影するなら、最寄りのJR茅野駅付近などに前泊を。

日本中で絶景を探していますが、特に絶景が豊富だと感じるのが長野。春夏秋冬それぞれのおすすめのコースをご紹介！

美麻珈琲
中山高原
菅平高原
北八ヶ岳ロープウェイ
御射鹿池
天竜ライン下り
下栗の里

NAGANO

紅葉する秋は特にきれい！

SHINO'S PICK 3 紅葉に染まる秋の里へ
[下栗の里〜天竜ライン下り]

最大傾斜38度！斜面につくられた天空の里

遠山郷の山奥にある「下栗の里 A 」。山の斜面に形成された集落を縫うように細い道が走り、民家や畑が点在しています。山の中にある展望台から里を見下ろすと、周辺は山と空のみ。"天空の里"の名のとおり、ぽっかりと空に浮かんでいるような姿が見られました。さらに天竜峡に寄り「天竜ライン下り B 」も体験。紅葉の渓谷を堪能しながら舟で下ります。

A 下栗の里 🏠 飯田市上村下栗
B 天竜ライン下り 🏠 飯田市龍江7115-1 ＊下栗の里を俯瞰する展望台までは、山道を歩くので歩きやすい靴で。

SHINO'S PICK 4 冬は雪上車で樹氷探検へ！
[菅平高原]

山頂まで雪上車でGO！スノーモンスターは必見

木々が雪と氷に覆われた「樹氷」は東北の蔵王が有名ですが、実は長野にもあります。スキー場「奥ダボススノーパーク」から雪上車「スノーキャット B 」で根子岳山頂に登ると、巨大な樹氷、別名「スノーモンスター A 」がいっぱい！　見て、触れて、大迫力な光景を楽しめます。周辺の山にも美しい樹氷がたくさん。極寒の地だからこそ見られる風景です。

スノーモンスターは大迫力

A 奥ダボススノーパーク 🏠 上田市菅平高原1223-3307　＊スノーキャットに乗るならツアーに参加を。開催情報は公式サイトを確認。📍 snow-cat.jp/

093

鶏足寺(旧飯福寺)は長浜市にある古刹。秋には参道の約200本のもみじが紅葉し、落ちた葉が地面を赤く染める。

絶景をめぐる旅 α 滋賀県・京都府

絶景 11 鶏足寺（けいそくじ）の紅葉

秋の絶景といえば、紅葉！ お寺で和の風情を感じながら紅葉鑑賞はいかがでしょう？
滋賀の穴場紅葉スポットをメインに、京都の新名所も回るよくばりコースをご案内します。

上も下も紅葉だらけ！
360度の真紅の世界

RECOMMEND

- ☑ 秋の紅葉旅
- ☑ 歴史を感じる旅

ベストシーズン **11**月中旬から下旬
鶏足寺と瑠璃光院の紅葉が見頃を迎える。

予算 約**4.7**万円から

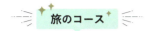
旅のコース

基本、電車やバスで回れるコースですが、白鬚神社は駅から少し遠いのでタクシーを。予約制の乗合タクシーもあり

たとえばこんな旅 ▶ 1泊2日

1日目 東京 → 新幹線で米原へ → 電車で木ノ本へ → つるやパンで名物サラダパンを購入 → バスで鶏足寺❶へ、紅葉を鑑賞 → 電車で近江高島へ → タクシーで白鬚神社❷へ、海上鳥居を参拝（大津泊）

2日目 電車で京都へ → 電車で瑠璃光院❸へ、紅葉のリフレクションを鑑賞 → 電車とバスで八坂庚申堂❹へ、参拝 → よーじやカフェ祇園店でひと休み → 電車で京都へ → 新幹線で帰宅 → 東京着

詩歩'S COMMENT

紅葉の名所といえば京都。しかし、お隣・滋賀を通り過ぎていませんか？ 実は写真を撮りたいスポット盛りだくさんの穴場なんですよ！「鶏足寺」はまっすぐな参道に沿った約200本のもみじが美しいお寺。散った葉が地面を覆い尽くす光景はまるで絨毯のよう！石段の奥にはお堂があり、そこからの紅葉も美しいので頑張って登りましょう。せっかくなので琵琶湖を回って「白鬚神社」の湖中大鳥居も見学。想像以上に大きく存在感があり、どうやって建てたのだろうと想像しながら過ごしました。翌日は京都へ。数年前から話題の「瑠璃光院」は、ピカピカに磨かれた漆塗りの机や床に反射する、紅葉の"リフレクション（反射）"が楽しめるスポット。自然を借景にした美しい庭園の見学や写経体験もできるので、あわせて堪能して。カラフルな「八坂庚申堂」は、女子ならテンションがあがること間違いなし。欲を捨て、願いを叶えに行きましょう。滋賀の大津と京都は、県は違えども、電車でたった10分という近さ。両方訪れて、2倍の紅葉を楽しんで！

OVERVIEW THE TRIP
旅のアルバム

PLACE 1 鶏足寺

かつては己高山（こだかみやま）の山頂付近にあった鶏足寺。現在では別院の「飯福寺」を鶏足寺と呼び、地元の人々により整備、保存されています。バス停や駐車場から寺までは山道を歩くので、暗くなる前に、早めの入山を推奨されています。

木ノ本駅近くのつるやパン。人気のご当地パン「サラダパン」は、マヨネーズで和えたたくわん入り。癖になる！

1951年創業以来のロングセラー

PLACE 2 白鬚神社

全国にある白鬚神社の総本社で、約2000年前に創建されたそう。琵琶湖の湖上には朱塗りの大鳥居が建ち、その向こうで漁船が行き交う光景が印象的でした。

詩歩's POINT

鶏足寺の石段は景観保護のため一部立入制限されています。ルールに従って鑑賞しましょう。正午近くは日差しが強く紅葉の葉が透けてしまい、色が半減して見えるので時間をずらすのがおすすめ。瑠璃光院は紅葉のピーク時は大混雑。朝イチでの訪問がベストです。

PLACE 3 瑠璃光院

写経机や床に、赤や黄、緑、オレンジが織りなす紅葉のグラデーションが反射。秋の特別拝観期間のみ見られる光景です。三脚やフラッシュ撮影は禁止なので注意。

紅葉美に感動した後は、写経に挑戦を。拝観料には写経体験料も含まれています。

PLACE 4 八坂庚申堂

京都の新フォトジェニックスポット！ 境内に入るとカラフルな布袋が目を引きます。これは、欲望のまま動かないよう手足をくくくられた猿を表した「くくり猿」というお守り。願いを書いて奉納し、欲を我慢することで叶うといわれています。すべて手づくり、1つ500円。

よーじやカフェ祇園店で休憩。「よーじや製抹茶カプチーノ」にはアノ舞妓さんが描かれていてかわいい♡ お餅入りの「よーじや製もなか」はお土産にぜひ。

旅のアドレス

❶鶏足寺
🚌 JR木ノ本駅から近江鉄道バス・湖国バス「金居原」行きで約15分、古橋下車、徒歩約15分
🚗 北陸自動車道木ノ本ICから約10分
🏠 長浜市木之本町古橋

❷白鬚神社
🚌 JR近江高島駅からタクシーで約5分
🚗 名神高速道路京都東ICから約1時間
🏠 高島市鵜川215
🌐 shirahigejinja.com/

❸瑠璃光院
🚌 叡山電鉄八瀬比叡山口駅から徒歩約5分
※駐車場がないので公共交通機関で訪れるのがおすすめ
🏠 京都市左京区上高野東山55
🌐 rurikoin.komyoji.com/

❹八坂庚申堂
🚌 JR京都駅から京都市営バス100号系統「清水寺・銀閣寺」行きなどで約15分、清水道下車、徒歩約5分
※駐車場がないので公共交通機関で訪れるのがおすすめ
🏠 京都市東山区金園町390

旅のメモ

●所要時間（東京駅→木ノ本駅）
東京から米原駅までJR新幹線ひかりで約2時間10分。米原から木ノ本駅までJR北陸本線で約25分。

●移動のコツ
木ノ本駅から近江高島駅方面へ向かう電車は昼間は1時間に1本のみ。事前に時刻表を確認しよう。

●おすすめの持ち物
11月の京都は寒暖差が大きいため、気温によって調節できる羽織りもの等があると便利。

●ホテル選びのポイント
紅葉時の京都はハイシーズンのため、宿泊料金も値上がり傾向が。滋賀県大津は、京都から約10分とアクセス至便なうえ、京都中心地の宿と比べて予約が取りやすい。

●ワンポイント
瑠璃光院は、春と秋の特別拝観期間のみ見学が可能。公式サイトで期間をチェックして行こう。

四季折々の花が楽しめる公園。春には丘一面に約450万本のネモフィラが咲き、青空と一体になった光景が出現。

絶景をめぐる旅α 茨城県

国営ひたち海浜公園のネモフィラ

週末で気軽に絶景旅を楽しみたい！　そんな方におすすめなのが、茨城県です。
ロマンチックな花畑からスリル満点のアクティビティまで、充実のプランをご提案します。

魅力度ランク最下位払拭！
これが本当のいばらきだ！

RECOMMEND
- ☑ 週末旅向け
- ☑ カメラ必携！

ベストシーズン ▶ 4月中旬から5月上旬
ネモフィラが見頃を迎え、丘一面が青く染まる。

予算 ▶ 約5.5万円から

旅のコース

- ❺ 袋田の滝
- ❻ 竜神大吊橋
- 滝味の宿 豊年万作
- 花貫渓谷
- ❹ 袋田温泉 思い出浪漫館
- ・御岩神社
- ❼ 道の駅 日立おさかなセンター
- 常陸太田
- ❽ 日立駅／SEA BiRDS CAFE
- ❸ サザコーヒー本店
- 石切山脈・
- 水戸・勝田
- ❶ 国営ひたち海浜公園
- ❷ 大洗磯前神社 神磯の鳥居
- IBARAKI 茨城県
- つくば

ネモフィラ鑑賞は比較的人が少ない午前早めに

たとえばこんな旅 ▶ 1泊2日

1日目 早朝 東京 → 電車で勝田へ → 車で国営ひたち海浜公園❶へ、ネモフィラ鑑賞、ランチ → 大洗磯前神社 神磯の鳥居❷を参拝 → サザコーヒー本店❸で休憩 → 袋田温泉 思い出浪漫館❹へ（思い出浪漫館泊）

2日目 車で袋田の滝❺へ、観光、滝味の宿 豊年万作でアップルパイを購入 → 竜神大吊橋❻でバンジージャンプ → 道の駅 日立おさかなセンター❼でランチ → 日立駅／SEA BiRDS CAFE❽で休憩 → 電車で帰宅 → 東京着

詩歩'S COMMENT

日帰りしがちな茨城ですが、めぐってほしいスポットが満載なので、ぜひ泊まりがけで。ネモフィラが広がる「国営ひたち海浜公園」は毎年訪れている大好きな場所。空へ続く青い絨毯のように咲き揃う瑠璃色の花は本当に愛らしくて、何度でも来たくなります。チャレンジして欲しいのはネモフィラグルメ！ ネタになること間違いなし(笑)。ネモフィラの時期はチューリップも見頃なので立ち寄ってみてくださいね。初日の出スポットとしても人気の「神磯の鳥居」は、荒波がバッシャーンと打ち寄せる中でそびえ立つ姿が神々しくて、思わず拝みたくなります。「袋田の滝」は、さすが日本三名瀑！ トンネルを抜け滝が見えたときはその大きさにびっくり。首を左右に回さないと見渡せないほどです。水量も想像以上に豊富で、近づくと水しぶきが飛んでくるほどでした。魅力度ランキングは最下位常連。でも実は絶景盛りだくさんの茨城へ、どうぞお越しください！

OVERVIEW THE TRIP
旅のアルバム

PLACE 1 国営ひたち海浜公園

園内のレストランではぜひ、真っ青なカレーライス「ネモフィラカレー」を。他にもアイスやラテなどネモフィラグルメがいっぱい！

PLACE 2 大洗磯前神社　神磯の鳥居

856年創建と伝わる古社。神が降り立ったとされる「神磯」には鳥居が建ち、打ち付ける波と相まって荘厳な雰囲気が漂います。まずは、本殿・拝殿に参拝してから、鳥居へ向かいましょう。なお、鳥居付近の岩場は神聖な場所。また滑りやすいので登らないこと。

PLACE 3 サザコーヒー本店

コロンビアに自社農園も持ち、世界中の産地で吟味した豆を自家焙煎。徳川慶喜が飲んだコーヒーを再現した「徳川将軍珈琲」も。

PLACE 4 袋田温泉　思い出浪漫館

川沿いの渓流露天風呂は、まるで川の水が湯船に流れ込んでくるかのよう！　渓流の中で湯浴みをしている気分が味わえます。

詩歩's POINT

ネモフィラはできる限り青空の日に！　天気予報と公園のHPに載っている開花状況を見て、スケジュール調整を。神磯の鳥居は真東を向いているので、逆光を避けたいなら午後に行くのがおすすめ。太平洋から昇る朝日と鳥居を一緒に撮影したい方は、前泊して早朝に。

「滝味の宿 豊年万作」の手づくりアップルパイは袋田の滝名物!

PLACE 5 袋田の滝

トンネルを抜けると、壮大な滝と水しぶきに驚かされます。高さ120m、幅73mを誇る日本三名瀑のひとつで、岩壁を4段に流れ落ちることから「四度(よど)の滝」とも呼ばれます。初夏は新緑、冬は滝が凍る氷瀑など、四季を通じて楽しめるのも魅力。

PLACE 6 竜神大吊橋

全長(中央支間)375mと歩行者専用の橋としては日本有数の長さ。CMでも話題になった、日本最大級の高さ100mのバンジージャンプにチャレンジ!

PLACE 7 道の駅 日立おさかなセンター

漁師が経営する店や鮮魚店がずらり。近くの久慈漁港に揚がる地魚をはじめ、鮮度抜群の海鮮から好きな具材を選んでつくる「味勝手丼」が人気。ランチ時は行列必至です!

PLACE 8 日立駅／SEA BiRDS CAFE

日立駅と、直結するSEA BiRDS CAFEはガラス張りで開放感抜群。日立市出身の建築家・妹島和世氏がデザインを監修し、グッドデザイン賞を受賞。カフェは海側のカウンター席が◎。

旅のアドレス

❶国営ひたち海浜公園
🚃JR勝田駅から茨城交通バス「海浜公園南口」行きで約15〜20分、海浜公園西口または海浜公園南口下車すぐ 🚗常陸那珂有料道路ひたち海浜公園ICからすぐ
🏠ひたちなか市馬渡大沼605-4
🌐 hitachikaihin.jp/

❷大洗磯前神社 神磯の鳥居
🚃鹿島臨海鉄道大洗駅から循環バス「海遊号」で約15分、大洗磯前神社下下車すぐ 🚗東水戸道路水戸大洗ICから約15分
🏠大洗町磯浜町6890
🌐 oarai-isosakijinja.or.jp/

❸サザコーヒー 本店
🚃JR勝田駅から徒歩約8分
🚗常磐自動車道那珂ICから約20分
🏠ひたちなか市共栄町8-18
🌐 www.saza.co.jp/

❹袋田温泉 思い出浪漫館
🚃JR袋田駅から徒歩約20分(送迎あり) 🚗常磐自動車道那珂ICから約50分
🏠大子町袋田978
🌐 www.roman-kan.jp/

❺袋田の滝
🚃JR袋田駅から茨城交通バス「袋田の滝(滝本)」行きで約10分、終点下車、徒歩約10分 🚗常磐自動車道那珂ICから約50分
🏠大子町袋田滝本

❻竜神大吊橋
🚃JR常陸太田駅から茨城交通バス「入合」または「馬次入口」行きで約50分、竜神大吊橋下車すぐ 🚗常磐自動車道那珂ICから車で約40分
🏠常陸太田市天下野町2133-6
🌐 ohtsuribashi.ryujinkyo.jp/

❼道の駅 日立おさかなセンター
🚃JR大甕駅からひたちBRTバス「日立おさかなセンター」行きで約10分、終点下車すぐ 🚗常磐自動車道日立南太田ICから10分
🏠日立市みなと町5779-24
🌐 hitachi-osakana-center.com/

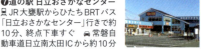

❽日立駅／SEA BiRDS CAFE
🚃JR日立駅下車 🚗常磐自動車道日立中央ICから約5分
🏠日立市幸町1(日立駅)・日立市旭町1-3-20(SEA BiRDS CAFE)
🌐 seabirdscafe.com/(SEA BiRDS CAFE)

●ここもおすすめ！

竜神バンジー
常設のバンジー施設としては日本最大級の高さを誇る。四季折々の渓谷美を望みながらレッツバンジー！ 1回目1万6000円、同日2回目7000円。
🌐 www.bungyjapan.com/

滝味の宿 豊年万作
袋田の滝から徒歩約5分に位置する全15室の温泉宿。大子産リンゴを使用＆女将がレシピを考案した「アップルパイ」はサクサク食感の逸品。
🌐 www.fukuroda.co.jp/

旅のメモ

●**所要時間(東京駅→勝田駅)**
JR特急ひたちで約1時間20分。

●**移動のコツ**
バスの本数が少ない、または駅から離れているスポットが多いため、複数箇所をめぐるなら車が必須。今回のモデルコースは勝田駅付近でレンタカーを借りて、日立駅で返却する設定。

●**おすすめの持ち物**
バンジージャンプを飛ぶ度胸。

●**ホテル選びのポイント**
ネモフィラが見頃となるGW期間中、国営ひたち海浜公園は、通常よりかなり混雑する。あまり人が写り込んでいない写真を撮りたいなら、勝田駅付近に前泊し、朝イチで訪れるのがおすすめ。

●**ワンポイント**
バンジージャンプは、当日までに電話またはオンラインで予約が望ましい。

●**こんな過ごし方も**
竜神渓谷の「竜神ダム湖」では、吊橋を見上げながら、カヌーやSUP、ボートなどのアクティビティが楽しめる。湖面が穏やかで流れの心配がなく、小さな子供も参加できるので家族連れにも人気。

Journeys to Breathtaking Places in the World

"いばらき"は夏〜秋も見所いっぱい！

2014年に初めて国営ひたち海浜公園のネモフィラを見に訪れて以来、ご縁もあって年3〜4回は訪れている茨城県。春もよいですが、実は夏〜秋もおすすめなんです！

日立市にある「御岩神社」は、縄文時代より信仰の地だったとされる神社で、"日本最強のパワースポット"との声も。宇宙飛行士が地球を見た際に日本に"光の柱"が見え、後から調べたらそこが「御岩神社」だったという逸話まであります。真偽は定かではありませんが、背の高い木に挟まれた参道を進み、ピンッと張った静かな空気の中でお参りすると、厳かな気持ちになるのは確か。夏は木々の緑が濃く、木漏れ日も美しいです。

石切山脈は、採石の休止中は湧き水などが溜まり"地図にない湖"が出現。

笠間市にある「石切山脈」は、国会議事堂などに使われている「稲田みかげ石」の採掘現場。今も実際に採掘が行われていますが、予約をすれば見学できます。垂直に切り取られた白い壁はまるで古代遺跡のよう。初夏〜夏は石の合間から見える木々の緑が映えます。

秋の茨城の見どころは、地面が赤く染まる珍しい紅葉。ネモフィラと同じ国営ひたち海浜公園の「みはらしの丘」では、10月頃から「コキア」というまん丸な植物が紅葉の時期を迎えます。園路から手を伸ばして触ってもOKで、ポヨンポヨンと弾力ある触感が楽しい！

それ以外にも「花貫渓谷」や「竜神大吊橋」も県内有数の紅葉スポット。ぜひ茨城の紅葉ドライブをお楽しみください！

御岩神社参道脇の背の高い木々は、樹齢数百年とも言われています。

国営ひたち海浜公園の地面を埋め尽くす赤いコキア。コスモスも見頃に。

SHIHO'S ANOTHER TRAVEL STORY
日本全国 花の絶景ごよみ

四季がある日本は、1年を通じて様々な花が楽しめます。見頃は一瞬ですが、その儚さもまた一興。力いっぱい咲く花を鑑賞して、季節の訪れを感じてください。開花時期は毎年変動するので、SNSなどで最新情報をチェックしてベストな時期に訪れましょう！

1. FLOWERS IN JAPAN

Great Places To View Spring Flowers Around Japan

春を彩る花の絶景
春の訪れを告げる花は「桜」だけではありません！

いなべ市農業公園の梅（三重県）
3月上旬〜3月下旬

鈴鹿山脈の麓に広がる東海地方最大級の梅林園。4000本もの梅は、まるでピンクの絨毯。
🏠 三重県いなべ市藤原町鼎3071

国営武蔵丘陵森林公園のネモフィラ（埼玉県）
4月上旬〜4月下旬

ネモフィラは茨城だけじゃない！ 埼玉でも丘一面をブルーに染めるネモフィラを楽しむことができますよ。
🏠 埼玉県滑川町山田1920

あしかがフラワーパークの藤（栃木県）
4月中旬〜5月中旬

樹齢150年に及ぶ600畳敷もある貴重な大藤棚が人気。ライトアップされ水面に反射する光景は幻想的。
🏠 栃木県足利市迫間町607

\ AND MORE /
ここもおすすめ！

日本でも珍しい桜とチューリップのコラボが楽しめるスポット。

はままつフラワーパークのチューリップ（静岡県）
3月下旬〜4月中旬

藤のトンネルや大藤棚が美しい個人庭園。前売リチケット制。

河内藤園の藤（福岡県）
4月中旬〜5月上旬

お堂を囲むすり鉢状の斜面に約15種1万7000本のツツジが開花。

塩船観音寺のツツジ（東京都）
4月下旬〜5月上旬

2. FLOWERS IN JAPAN
Great Places To View Early Summer Flowers Around Japan

初夏を彩るあじさいの絶景
引きこもりがちな梅雨こそ、あじさいを見に行こう！

下田公園(静岡県)
6月上旬～6月下旬

15万株300万輪が咲き誇る日本一の群生。丘全体を埋め尽くすあじさいが視界をさえぎり、迷路のよう。わたしは本当に迷っちゃったので、案内を見てめぐりましょう。

🏠静岡県下田市3

雨引観音(茨城県)
6月上旬～7月中旬(水中花あじさいは7月～)

587年開山の歴史ある寺院。広い園内で色鮮やかなあじさいが見られるほか、剪定した花を池に浮かべて飾った「水中花あじさい」が人気。

🏠茨城県桜川市本木1

雲昌寺(秋田県)
6月中旬から7月上旬

副住職が1株から15年かけて増やしたあじさいは、青一色。まるであじさいの海に本堂が浮かんでいるかのよう。夜はライトアップも開催。

🏠秋田県男鹿市北浦北浦57

3. FLOWERS IN JAPAN
The Best Places To See Beautiful Sunflower in Japan

夏を彩るひまわりの絶景
太陽を向いて咲く花は、見るだけでHAPPYに！

観光農園花ひろば(愛知県)
6月下旬～12月上旬

なんと冬まで満開のひまわりが楽しめる！ 温暖な気候の知多半島の先端にあるため、冬でも開花するのだそう。畑の中で撮影できるのもgood。

🏠愛知県南知多町豊丘高見台48

北杜市明野サンフラワーフェス(山梨県)
7月下旬～8月中旬

アルプスの山々を背に咲く60万本のひまわり。都内から日帰りが可能。名物「ひまわりソフトクリーム」もぜひ。

🏠山梨県北杜市明野町浅尾5664

世羅高原農場(広島県)
8月上旬～8月下旬

50種110万本のひまわりが見られるスポット。園内は高低差があり、様々な角度から撮影が楽しめます。尾道と近いのでセットで旅行するのもおすすめです。

🏠広島県世羅町別迫1124-11

日本神話の舞台として知られる高千穂峡に流れ落ちる滝で、神秘的な雰囲気が漂う。日本の滝百選の一つ。

絶景をめぐる旅 α 宮崎県

真名井の滝

国内最強のパワースポットといえば、日本神話ゆかりの場所が数多くある高千穂。
緑豊かな渓谷と滝のコントラストを鑑賞したら信仰の地へ。厳かな空気を肌で感じて。

日本神話が語り継がれる
国内随一のパワースポット

RECOMMEND
- ☑ 春休みの旅に
- ☑ パワーチャージ

ベストシーズン **3月下旬から4月上旬**
西都原古墳群の桜と菜の花が見頃を迎える。

予算 **約8万円から**

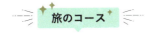

県内随一の飲食街「ニシタチ」近くの宿なら、食べ歩きも楽しめる！

たとえばこんな旅 ▶ 2泊3日

1日目 羽田 → 宮崎 → 車で西都原古墳群❶へ、桜と菜の花を鑑賞 → 昼食に「うなぎの入船」でうなぎ定食を食べる → 宮崎市街へ → 夕食に宮崎名物の地鶏炭火焼きを食べる（宮崎泊）

2日目 バスで高千穂峡へ、真名井の滝❷など周辺を散策（高千穂泊）

3日目 タクシーで天岩戸神社、天安河原❸へ、お参りする → 高千穂へ戻る → バスで延岡へ → 電車で宮崎へ、夕食に辛麺を食べ、お土産に「たまたま」を購入 → 宮崎 → 羽田着

高千穂峡の貸しボートは数時間待ちのことも。朝早く行くのがおすすめ！

詩歩'S COMMENT

天孫降臨の地・高千穂。旅行の際は、ぜひ日本神話を読んでから訪れて！　旅の深みが2倍も3倍も増しますよ。日本の滝百選にも選ばれている「真名井の滝」も神話の舞台。約17mと特筆する高さではないですが、渓谷の緑や背景のストーリーも重なって神々しさは満点。ボートに乗ればサラサラと流れる滝の下でマイナスイオンを浴びられるのですが、わたしは長蛇の列で断念……く、悔しい！　リベンジせねば。天岩戸神社の「天安河原」も同じく神話の舞台。洞窟内の鳥居の足元には、無数に積まれた小石が……。訪れた人が願掛けで積んでいくのですが、洞窟の暗がりも相まって背筋がゾクッとしました。なお、神社の御神体は天照大神が隠れたとされる「天岩戸」。神域なので神職の方に案内していただき、必ず遥拝（遠くから拝むこと）をしましょう。天岩戸の撮影は禁止です。「西都原古墳群」は、春の訪れを告げる桜と菜の花が同時に開花。鮮やかなピンクと黄色のコラボレーションが楽しめます。お花見はもちろん、日本最大級の古墳群も見逃さずに！

OVERVIEW THE TRIP
旅のアルバム

PLACE 1 西都原古墳群

東西2.6km、南北4.2kmに及ぶ地域に約300基の古墳が点在する特別史跡。春には約2000本の桜と約30万本の菜の花が咲き誇る、歴女のわたしにはたまらない花の名所です。見頃の時期には「西都花まつり」も開催。

PLACE 2 真名井の滝

貸しボートに乗れば、すぐそばまで近づける！

柱状節理の断崖が続く高千穂峡に流れ落ち、降り注ぐ光に照らされた姿がなんとも神々しい！ 天孫降臨の際に、天上から移したとされる「天真名井」が水源と伝えられています。

明治27年創業「うなぎの入船」でうなぎ定食。備長炭で香ばしく焼かれたうなぎを秘伝のタレで。

名産の地鶏を炭火で焼いた「炭火焼き」は、宮崎のご当地グルメ。噛むほどに肉の旨味が広がる！

詩歩's POINT

真名井の滝は展望台が広いので、混雑していても比較的撮影しやすいです。天安河原は、午前中に行くと鳥居の背後から太陽光が差し込んで一層幻想的になります。洞窟の全景を撮影したい方は、一眼レフなら広角レンズ、スマホなら魚眼レンズを持参しよう。

世界が暗闇に包まれた、日本神話「岩戸隠れ」の舞台の一つ

旅のアドレス

❶西都原古墳群
🚃JR佐土原駅から宮崎交通バス「西都バスセンター」行きで約30分、終点下車、タクシーで約5分 🚗東九州自動車道西都ICから約10分
🏠西都市三宅
📍mppf.or.jp/saito/

❷真名井の滝
🚃JR延岡駅から宮崎交通バス「高千穂バスセンター」行きで約1時間30分、終点下車、タクシーで約10分 🚗東九州自動車道延岡ICから約50分
🏠高千穂町三田井御塩井

PLACE 3 天安河原

天岩戸神社の御神体「天岩戸」に天照大神が隠れた際に、八百万の神が集まって相談したとされる場所が、天安河原です。奥行き約30m、間口約40mの大洞窟の中で、静かに佇む鳥居の存在感に圧倒されます！

❸天安河原
(天岩戸神社まで)🚃JR延岡駅から宮崎交通バス「高千穂バスセンター」行きで約1時間30分、終点下車、タクシーで約15分。またはふれあいバス岩戸線に乗り換え約15分、岩戸下車すぐ 🚗東九州自動車道延岡ICから約45分
※天岩戸神社から天安河原まで徒歩約15分
🏠高千穂町岩戸

付近には、岩戸川の緑豊かな渓谷を望む「あまてらすの隠れcafe」も。

●ここもおすすめ！
ソレスト高千穂
「モダンと自然の調和」がコンセプトの、木のぬくもりあふれるホテル。高千穂バスセンターから徒歩約8分、真名井の滝まで徒歩約20分と好立地。
🏠高千穂町三田井1227
📍www.solest-takachiho.jp/

こんにゃくに似た食感の麺と、激辛スープが特徴の「辛麺」も名物。溶き卵が絡み合いマイルドに。

旅のメモ

●**所要時間**(羽田空港→宮崎空港)
飛行機で約1時間40分。

●**移動のコツ**
宮崎空港から西都原古墳群へ直接行く際は、JR佐土原駅を経由すると遠回りになるため、レンタカーがおすすめ。宮崎駅―高千穂峡間は、土・日曜、祝日及び特定日限定で、宮崎交通が高速乗合バスを運行している(要事前予約)。

●**ワンポイント**
高千穂峡のみ訪れる場合は、熊本空港の方が近い(車で約1時間30分)。毎年夏には、真名井の滝を照らし出す「高千穂峡ライトアップ」も開催され、人気。

宮崎特産の、皮ごと食べられる甘〜いきんかん「たまたま」。おいしすぎて、5箱も購入しました！

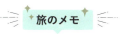

SHIHO'S FAVORITE DESTINATIONS
宮崎の絶景旅プラン
まだまだある！

迫力満点！ 海辺の絶景
[日向市駅〜クルスの海〜細島灯台〜馬ヶ背]

荒波が生んだ奇岩地帯
立ち寄り観光に最適です！

高千穂など、宮崎観光のついでに立ち寄るのにぴったりなのが、見どころが狭い範囲に集まったこのコース。美しいデザインが有名な「日向市駅A」を拠点に、宮崎北部のリアス式海岸をめぐります。「クルスの海B」は岩礁が波に侵食され、十字（クルス）の形になったという景勝地。奥の小岩と合わせると"叶"の字にも見えることから「願いが叶うクルスの海」とも呼ばれています。見晴らしのよい白亜の灯台「細島灯台C」、柱状節理の上に立つ小さな岬「馬ヶ背D」も必見。馬ヶ背はその名のとおり馬の背のように狭い岩場で、両側は大海原。足がすくみます！

A 日向市駅 🏠 日向市上町1-19　＊設計は内藤廣氏。ブルネル賞など数多くの賞を受賞。

天気によって海の色が変化

B クルスの海 🏠 日向市細島　＊クルスの海を見下ろせる場所に「願いが叶うクルスの鐘」もあり、デートスポットとしても人気。

C 細島灯台 🏠 日向市細島　＊初点灯が明治43年（昭和16年改築）の歴史ある灯台。

D 馬ヶ背 🏠 日向市細島1-1　＊B〜Dはいずれも近距離。JR日向市駅から定額の観光タクシーを利用すると、1時間ほどで各スポットを回れるので効率的。

旅の帰り道などにサクッと寄れるアクセスのよい絶景と、もう1泊追加して訪れたい山奥の秘境。どちらも魅力的！

MIYAZAKI

うのこの滝 ― 馬ヶ背
仙人の棚田 ― 細島灯台
クルスの海
日向市駅
青島

ゴシゴシとよく洗えそう!?

SHIHO'S PICK 2 空港から近い！奇岩が囲む島
［青島］

コンパクトで回りやすい かつての新婚旅行の聖地

「青島」は周囲約1.5kmの小島。橋で渡ることができます。島を囲む波状岩は、通称「鬼の洗濯板A」。平行の筋状に広がる岩が巨大な洗濯板を思わせることからついた呼び名で、たしかに自然にできたものとは思えません。かつては一般人が入れなかった聖なる島で、今もパワースポットとして人気。島の中心にある「青島神社B」は縁結びにご利益あり。

▲鬼の洗濯板 ♠宮崎市青島　▲青島神社 ♠宮崎市青島2-13-1
＊JR宮崎駅（電車＋徒歩）または宮崎空港（バス＋徒歩）から約40分でアクセスできる。

SHIHO'S PICK 3 仙人が住む!? 幻想的な棚田
［仙人の棚田〜うのこの滝］

今なお生き続ける秘境に 天空の棚田が出現！

日本三大秘境の一つ、椎葉村の山間(やまあい)にある「仙人の棚田A」。標高が高く、早朝には雲海に覆われた神秘的な光景が見られることも。対岸の「大いちょう展望台」からは、高い山に囲まれた尾根が一部だけ切り取られ、棚田になっている様子が眺められます。さらに足を延ばして「うのこの滝B」へ。遊歩道を下ればエメラルドグリーンの滝壺まで行けます。

稲穂が染まる秋の棚田も◎

▲仙人の棚田 ♠椎葉村松尾ロクロ（大いちょう展望台）▲うのこの滝 ♠五ヶ瀬町三ヶ所　＊椎葉村からうのこの滝までは車で約1時間。

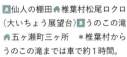

弘前城のある弘前公園では、春に約2600本の桜が咲き、外濠に散った桜が風に流れる"花筏"が見られる。

絶景をめぐる旅α 青森県

弘前公園の花筏
ひろさき はないかだ

絶景14 AOMORI 青森

桜の名所は日本中にありますが、一面桜色の世界が広がる弘前公園の花筏は格別の美しさ。今回は弘前に1泊して、朝の桜並木や夜桜もゆったり堪能。桜づくしの旅となりました。

一面のピンクの絨毯！
唯一無二のお花見をここで

--- RECOMMEND ---

- ☑ 週末旅向け
- ☑ お花見を満喫

ベストシーズン **4月下旬から5月上旬**

桜が見頃。弘前さくらまつりも開催される。

予算 **約5万円**から

旅のコース

- ❶ 弘前公園（全体図）
  - 亀甲門
  - 岩木山と桜並木が見られるスポット
  - ❸ 津軽藩ねぷた村
  - 弘前城天守
  - 東門
  - 追手門
  - 花筏撮影スポット
  - バス停
  - 弘前市役所
  - ❷ スターバックス コーヒー 弘前公園前店

青森 / 新青森 / 弘前（弘前駅）/ 八戸 / AOMORI

昼、夜、朝とお花見チャンスを3回設けました

たとえばこんな旅 ▶ 1泊2日

1日目 早朝 東京 → 新幹線で新青森へ → 電車で弘前へ → バスで弘前公園❶へ、花筏鑑賞＆屋台を食べ歩き → スターバックス コーヒー 弘前公園前店❷で休憩
→ 津軽藩ねぷた村❸を観光
→ 弘前公園に戻って夜桜鑑賞（弘前泊）

2日目 弘前公園へ、花筏や桜並木を鑑賞 → 弘前市内で、アップルパイを食べる
→ 電車で新青森へ → 新幹線で帰宅 → 東京着

詩歩'S COMMENT

日本の桜は、ここを見ずには語れない。見上げる桜もいいけれど、弘前公園の桜は「見下ろす桜」。散った花びらが弘前城の外濠（そとぼり）の水面を埋め尽くし、桜色の絨毯のような光景"花筏"が見られるのです。視界一面がピンク色！　ここの美観は、「桜守」と呼ばれる桜のお医者さんたちの絶え間ない努力によって保たれています。リンゴの栽培を参考にした方法で桜を剪定（せんてい）しており、ソメイヨシノの平均寿命と言われる60年をはるかに超え、100年以上生きているソメイヨシノが400本以上あります。この剪定方式のおかげで1枝あたりの花数も多いのだそう。だから散った後の花筏も見事なのかも……!?　弘前公園は東京ドーム10個分以上の面積があり、桜だけでも52品種約2600本！　1日十分楽しめます。さくらまつり期間はローカルな出店も出るので食べ歩きも楽しいですよ。わたしのお気に入りは青森のとうもろこし「嶽きみ（だけきみ）」の天ぷら。甘くて、ほっぺたが落ちます♡

OVERVIEW THE TRIP
旅のアルバム

1 弘前公園

弘前城のある弘前公園は約49haと広大な面積を誇り、ソメイヨシノを中心に、シダレザクラや八重桜などが咲き誇ります。日没〜23時はライトアップされた夜桜を。水面に反射する桜も美しく、日中とはひと味違った幻想的な世界が楽しめます！

枝を離れた花びらが水面を桜色に染め、見事な花筏が。満開の2〜3日後が見頃です。年によって時期は変わるので、SNSなどで桜の最新情報をチェックして。

まつり期間中に出る屋台で買えます！

岩木山麓で穫れるとうもろこし「嶽きみ」の天ぷらは、強い甘みとサクサク衣の食感がやみつき！

詩歩's POINT

花筏は弘前城の外濠で見られます。風向きによって花筏の場所が変わるので、歩き回って探してみて。弘前公園は夜桜も有名で、外濠に桜並木の美しい反射が出現。朝はねぷた村前の交差点近くからお濠を見ると岩木山と桜のコラボが。朝から晩まで大忙しです！

旅のアドレス

❶弘前公園
🚃 JR弘前駅から100円バス「土手町循環」で約15分、市役所前下車、徒歩約4分 🚗 東北自動車道大鰐弘前ICから約25分

🏠 弘前市下白銀町1
🌐 www.hirosakipark.jp/

❷スターバックス コーヒー 弘前公園前店
🚃 JR弘前駅から100円バス「土手町循環」で約15分、市役所前下車すぐ 🚗 東北自動車道大鰐弘前ICから約25分

🏠 弘前市上白銀町1-1
🌐 www.starbucks.co.jp/

❸津軽藩ねぷた村
🚃 JR弘前駅から100円バス「ためのぶ号」で約15分、津軽藩ねぷた村下車すぐ 🚗 東北自動車道大鰐弘前ICから約20分

🏠 弘前市亀甲町61
🌐 www.neputamura.com/

PLACE 2 スターバックス コーヒー 弘前公園前店

登録有形文化財「旧第八師団長官舎」を改装。元の意匠に、県産ブナを用いた照明や津軽こぎん刺しを施したソファなどの「青森らしさ」が融合し、趣ある空間に。弘前公園の目の前にあります。

PLACE 3 津軽藩ねぷた村

高さ10mの大型ねぷたは迫力満点！ ねぷた囃子や津軽三味線の生演奏も毎日行われます。金魚ねぷたや津軽焼の絵付けといった体験コーナーも充実。

旅のメモ

●所要時間（東京駅→弘前駅）
東京から新青森駅までJR新幹線はやぶさで約3時間10分、新青森から弘前駅までJR奥羽本線で約40分。

●移動のコツ
主な見どころは、市の中心部に集まっているので循環バスやレンタサイクルを利用すると便利。バスは、弘前駅〜弘前公園周辺を循環する「土手町循環」、弘前駅〜津軽藩ねぷた村〜りんご公園を循環する「ためのぶ号」（12月〜3月運休）、弘前バスターミナル〜城東方面を循環する「城東環状」と、3つの100円バスが運行。100円バス共通の1日乗車券は大人500円。レンタサイクルは、観光案内所（弘前駅1階）や弘前市立観光館（弘前公園前）、まちなか情報センター（土手町）で貸出。1回500円〜。

●ホテル選びのポイント
夜桜や朝イチの花筏を鑑賞したい場合は、弘前公園近くの宿がおすすめ。数が少ないので早めに予約を。

リンゴ生産量日本一の弘前は、絶品アップルパイが目白押し！

弘前駅や弘前市役所など市内各所には、リンゴポストが点在。

まだまだある！

SHIHO'S FAVORITE DESTINATIONS
青森の絶景旅プラン

SHIHO'S PICK 1 秋の紅葉をめぐる旅
［蔦沼～奥入瀬渓流］

赤の世界にうっとり

早起きしてでも見たい！
朝日が魅せる真っ赤な紅葉

一面真っ赤な紅葉が見られる「蔦沼 」。朝日が山の斜面を赤く照らし、それが水面に鏡のように反射してできる光景です。太陽が昇るにつれ、消えゆく影と濃くなる赤色が印象的。燃えるような赤色の蔦沼の写真を狙うなら、日の出前に訪れて。蔦沼近くにはもう一つの紅葉の名所「奥入瀬渓流 B」も。散策路を歩きながら、黄金色の紅葉が見られます。

▲蔦沼　Ｂ奥入瀬渓流ともに🏠十和田市奥瀬　＊蔦沼に早朝行くなら、近くの蔦温泉に宿泊すると便利。蔦温泉から奥入瀬渓流までバスで約15分。

まるで青インクの鮮やかさ！

SHIHO'S PICK 2 自然の神秘を感じる旅
［青池～日本キャニオン］

世界遺産・白神山地で
お手軽ハイキング！

気軽にハイキングが楽しめる十二湖エリアで、特に人気なのが「青池」。ブナ林を抜けると、驚くほど鮮やかなコバルトブルーの池が姿を現します。太陽光が差し込むと、より青が濃く見えるので、日が高い正午前後に訪れて。十二湖入口にある「日本キャニオン Ｂ」は侵食崩壊によって白い岩肌が露出した大断崖。展望台からの景色は迫力満点です。

▲青池　Ｂ日本キャニオンともに🏠深浦町松神山国有林内　＊青池から日本キャニオンまで路線バスでも行ける（4月上旬～11月上旬のみ運行。毎年変わるので要確認）。

自然が豊かな青森は絶景もいっぱい。夏は青池を散策、秋は蔦沼で紅葉鑑賞、冬は温泉……etc.各季節に訪れたい！

蟲駅／蔦沼／不老ふ死温泉／星野リゾート 青森屋／日本キャニオン／八食センター／青池／奥入瀬渓流

波しぶきがかかりそう！

SHIHO'S 3 日本海の風景を楽しむ旅
[不老ふ死温泉〜轟木（とどろき）駅]

温泉の目の前は日本海！パノラマビューを楽しんで

「不老ふ死温泉 A 」が名湯たる理由は、泉質に加えその立地。「海辺の露天風呂」は水平線に沈む夕陽を目前に望めます。鉄分と塩分が含まれた黄褐色の湯は、傷に効くそう。日帰り入浴は16時までのため、夕陽を見るなら宿泊を。JR五能線「轟木駅 B 」も「海が目の前」で有名な駅。木造の無人駅はノスタルジックで、青春18切符のポスターになったことも。

A 不老ふ死温泉 ▶深浦町舮作下清滝15　B 轟木駅 ▶深浦町轟木扇田18　*A B ともにJR五能線沿線。ただし電車の本数が少ないので、車で回るのがおすすめ。

SHIHO'S PICK 4 青森は温泉も最高！
[星野リゾート 青森屋〜八食センター]

温泉ソムリエ・詩歩公認！日本で一番好きな温泉

日本の温泉の中で、暫定No.1が「星野リゾート 青森屋 A 」。お湯はまるで化粧水のようにとろっとろ！露天風呂の「浮湯」は池に張り出したおもしろいつくりで、池に浮いている気分に。浮湯は宿泊者限定ですが、敷地内にある同じ源泉の「元湯」は、日帰りでもOK。帰りは青森のご当地グルメが集合した「八食センター B 」へ。新鮮な魚介を堪能して！

冬はねぶた祭の山車と灯籠！

A 星野リゾート 青森屋 ▶三沢市古間木山56　B 八食センター ▶八戸市河原木神才22-2　*八食センターは、JR八戸駅から路線バスでアクセスできる。

美瑛町にある人工池。アルミニウムを含む地下水が美瑛川の水と混ざりできた粒子に、光が反射して青く見える。

絶景をめぐる旅 α 北海道

青い池

絶景豊富な北海道。中でも美瑛・富良野地域は見所が集まっていて回りやすいのが◎。
青く輝く池や迫力ある雲海、色鮮やかな花畑。バラエティに富んだ絶景が楽しめます。

森の奥にひっそり佇む
神秘に輝くビエイブルー

---- RECOMMEND ----

☑ 大自然を満喫
☑ ドライブ旅

ベストシーズン 6月から7月
ラベンダーが見頃。雲海は5～10月がシーズン。

予算 約9.5万円から

旅のコース

美瑛・富良野を効率よく回るならレンタカーがおすすめ

たとえばこんな旅 ▶ 2泊3日

1日目 羽田 → 新千歳 → 電車でトマムへ → 送迎バスで星野リゾート トマムへ → トマム内を散策(トマム泊)

2日目 早朝　雲海テラス❶で雲海鑑賞 → 車で富良野へ、かなやま湖❷を散策し、菓子工房フラノデリス❸でお茶(トマム泊)

3日目 早朝　雲海テラスで雲海鑑賞 → 車で富良野方面へ、青い池❹、白ひげの滝❺、ファーム富田❻を散策し、くまげら❼でランチ → 星野リゾート トマム → 送迎バスでトマムへ → 電車で新千歳へ → 羽田着

詩歩'S COMMENT

北海道の絶景といえば、Apple社製品の壁紙にも採用された「青い池」。初夏なら元祖「雲海テラス」であるトマムと、北海道の夏を彩るラベンダー畑も楽しめちゃう！　ということで、北海道までひとっ飛びしてきました。湖に枯れ木が立ち並ぶ青い池は、光の当たり方によって水の色を変え、幻想的な光景。海外からの観光客も多く、一躍世界的スポットになったのだなあと感じました。雲海テラスには、雲海を見る確率を上げるために2回行く機会を設けましたが、これが大正解！　初日は不発でしたが、2日目に念願の雲海に出会えました。生き物のように現れては消え、動く雲海……一度見られなかったことで、感動がより大きいものになりました。美瑛・富良野地域はほかにも絶景がいっぱい。偶然通りかかった「かなやま湖」のラベンダー畑は、無料で見られるとは思えないほど美しい光景で感動しました。畑の中に道があり「ラベンダー畑とわたし」風のショットが撮影できます！

OVERVIEW THE TRIP
旅のアルバム

PLACE 1 星野リゾート トマム 雲海テラス

雲海を見るためなら早起きも苦にならない！ トマム山山頂付近、標高1088mに設けられたテラスは早朝〜朝にオープン。気象条件が合えば、雲海が広がる光景が間近に見られます。高さ8mの巨大なハンモックをイメージした展望スポットなども点在。

トマムで見られる雲海は「トマム産雲海」「太平洋産雲海」「悪天候型雲海」の3種類。

トマム内にある「水の教会」は安藤忠雄氏が建築。凛とした佇まいに心が洗われるよう。

PLACE 2 かなやま湖

湖に面したラベンダー畑は圧巻。この時は観光客がいなかったので雄大な景色をひとり占め！ 入場無料なのもうれしいポイント。

PLACE 3 菓子工房フラノデリス

北海道産の素材にこだわる菓子工房。ベイクドチーズとマスカルポーネムースが2層になったドゥーブルフロマージュが絶品！

駐車場には野生の
リスがいました♡

6 ファーム富田

総面積約20万㎡の敷地に、道内一のラベンダー畑をはじめ12の花畑などが点在。紫のラベンダーやピンクのコマチソウなど、色とりどりの花々が丘一面を染め上げます。ラベンダーの開花状況は公式HPで随時更新。

4 青い池

実際見ると写真以上に鮮やか。天気や時間帯によって池の表情が変わるのも魅力。とても混むので、時間に余裕を持って行くのが◎。

5 白ひげの滝

青い池の源流がこちらの滝。岩の割れ目から十勝岳連峰の地下水が白ひげのように美瑛川へ流れ落ちます。青い池とあわせて訪れて。

7 くまげら

地元産の素材を使った創作料理が味わえます。名物オムカレーはチーズ豆腐をつくる際に抽出される「ホエー」を使ったコク旨な一品。

詩歩's POINT

トマムは雲海のタイプが3種類あるのが特徴です。それぞれの発生条件を調べつつ、毎日の「雲海予報」をチェックして。ただ予報が低くても発生することはあるのであきらめないこと。雲海はすぐ動くので、朝イチから営業時間の最後まで粘るのが一番のコツ！

旅のアドレス

❶星野リゾート トマム 雲海テラス
星野リゾート トマム内でリゾートセンターへ移動し(宿泊客は送迎バスあり)ゴンドラで13分、山頂駅下車

※5月中旬〜10月中旬のみオープン。冬期は「霧氷テラス」となる

🏠 占冠村中トマム
📍 www.snowtomamu.jp/unkai_terrace/

星野リゾート トマム
🚉 JRトマム駅から送迎バスで約5分 🚗 道東自動車道トマムICから約10分

🏠 占冠村中トマム
📍 www.snowtomamu.jp/

❷かなやま湖
🚉 JR東鹿越駅からタクシーで約5分 🚗 道東自動車道占冠ICから約40分

🏠 南富良野町東鹿越

❸菓子工房フラノデリス
🚉 JR富良野駅からタクシーで約10分 🚗 道央自動車道三笠ICから約1時間10分

🏠 富良野市下御料2156-1
📍 www.le-nord.com/

❹青い池
🚉 JR美瑛駅から道北バス「青年の家・白金温泉」行きで約20分、白金青い池入口下車、徒歩約8分 🚗 道央自動車道三笠ICから約1時間50分

※バスの本数が少ないので注意

🏠 美瑛町白金

❺白ひげの滝
🚉 JR美瑛駅から道北バス「青年の家・白金温泉」行きで約25分、白金温泉下車、徒歩約3分 🚗 道央自動車道三笠ICから約1時間55分

※バスの本数が少ないので注意

🏠 美瑛町白金

❻ファーム富田
🚉 JRラベンダー畑駅(夏季のみ臨時停車)から徒歩約7分。またはJR中富良野駅からタクシーで約5分 🚗 道央自動車道三笠ICから約1時間20分

🏠 中富良野町基線北15号
📍 www.farm-tomita.co.jp/

❼くまげら
🚉 JR富良野駅から徒歩約5分 🚗 道央自動車道三笠ICから約1時間20分

🏠 富良野市日の出町3-22
📍 www.furano.ne.jp/kumagera/

旅のメモ

●**所要時間(羽田空港→新千歳空港)**
飛行機で約1時間40分。

●**移動のコツ**
レンタカーがおすすめ。航空券と合わせて申し込めるプランもあり、行楽シーズンは早めの予約が望ましい。星野リゾート トマムでも車のレンタルが可能。レンタカー以外の都市間の移動は、運転本数や距離、料金によって鉄道と高速バスを使い分けるとよい。高速バスは札幌駅を起点に路線が充実し、料金も手頃。

●**おすすめの持ち物**
雲海テラスは標高が高く夏でも涼しいので、パーカーや薄手のダウンジャケットがあると安心。

●**ホテル選びのポイント**
青い池ブームの火付け役、写真家のケント白石氏が経営する「オーベルジュてふてふ」もおすすめ。撮影ツアーや写真術講座も開催されている。

●**ワンポイント**
北海道はとにかく広い。例えばひとくちに「富良野」といっても、富良野市、中富良野町、上富良野町、南富良野町と4つの市町が隣接している。事前に、距離と移動時間をしっかり確認してから計画を立てよう。

●**こんな過ごし方も**
星野リゾート トマムでは、大自然を舞台にしたアクティビティが充実。道内屈指の清流「シーソラプチ川」などで楽しめるラフティングは、ドライスーツを着て川に浮かんだり、落差の大きい落ち込みが体験できるとあって人気。そのほか乗馬体験や野生動物を探しにいくサファリカートツアー、白樺林でのピクニックなど、1日中遊ぶことができる。予約必須の場合もあるので事前に確認を。

JOURNEYS TO BREATHTAKING PLACES IN THE WORLD

冬も訪れたい！雪降る美瑛の絶景

夏の北海道もいいけれど、冬もおすすめ！　美瑛は特に冬だから見られる絶景がいっぱいです。しびれるような寒さの中で、北海道ならではの白銀の世界が楽しめます。

夏にも訪れた「青い池」は、実はわたしは冬の景色のほうがお気に入り。湖が凍り、雪が積もってしまうので青い湖面は見られないのですが、冬季限定で開催される夜のライトアップが素晴らしいんです！　これまでに見たライトアップの中で一番好み。ただ池をライトで照らすだけではなく、池をステージに、枯れ木をダンサーに見立てて、まるで舞台公演のように演出されたプログラムになっていました。わたしが行ったときは−20度にも達する寒さでしたが、10分弱のプログラムを何回も見てしまいました。

美瑛「拓真館」の脇の白樺並木もおすすめです。これぞ冬の北海道！　という風景。

また有名な「クリスマスツリーの木」も、冬に訪れたい場所。周辺は普通の農地なので、夏は農家さんが耕作されているからです。1月下旬には、美しい三角形をした木の頂点に月が降りてくる光景も見られます。わたしが訪れた日は偶然にもスーパームーン。太陽のように明るい月が、ツリーの装飾のように輝いていました。なお、木のまわりは私有地につき立入禁止。マナーを守って道路沿いで鑑賞しましょう！

冬の美瑛は、道内でも特に寒くなるエリア。日中でも気温が氷点下の日もあります。体調を崩さないように、しっかりと冬の旅用の装備(p13)をして臨んでくださいね！

冬の青い池は、雪が降っているとよりロマンチックな光景に。

このクリスマスツリーの木は午前6時ごろに撮影。絶景の朝は早いのです。

SHIHO'S ANOTHER TRAVEL STORY

絶景温泉へ行こう！

日本人が大好きな温泉。さらに眺めがよければ最高です！
温泉ソムリエの詩歩が、楽しみ方をレクチャーします。

　国内旅行では欠かせない「温泉」。デジタルから離れ、生まれたままの姿で、身も心もリラックス。地元の方とのおしゃべりもまた、温泉の醍醐味ですよね。
　実はわたし、生粋の風呂好きで、毎日2時間近く湯船につかるし、週に1回は銭湯へ。旅先ではできるだけ温泉宿を選びます。その延長で2015年には温泉ソムリエになったほど。この資格自体は簡単にとれるものですが、改めて「温泉」を学んでみると知らないことだらけ。「温泉」の定義を知る中で、源泉が冷たくても温泉であることに驚きました。頭にタオルを乗せるのは演出やファッションではなく、頭を冷やしてのぼせを防ぐ効果があるのだとか。知識を得ることで、いっそう温泉を楽しめるようになりました。

全国の温泉地数ランキング（2018年）
1位：北海道　244か所
2位：長野県　215か所
3位：新潟県　145か所

参照）日本温泉総合研究所「温泉地数・都道府県ベスト10」

　さて、国内には2万7000か所以上の源泉があると言われており、日本各地に点在しています（未活用含む）。そのうち、宿泊施設として整備されている「温泉地」が最も多い都道府県はどこだと思いますか？
「おんせん県」として知られる大分県、草津温泉を有する群馬県などを思い浮かべるかもしれませんが、実は、第一位は北海道、第二位は長野県。温泉旅行をしたいときは「温泉地」をベースに探してみるのも一つの手ですね（ちなみに源泉数一位はダントツで大分県です）。
　湯につかるだけでも幸せですが、そこからの眺望がいいとますます楽しい時間になります。わたしが今注目しているのは、お風呂から見える景色や、温泉街の景観が素晴らしい「絶景温泉」です。日本海が目の前に広がる「不老ふ死温泉」(p117)は、まさにその代表格。ほかにも雪景色が見られる温泉などが、日本各地にあります。次の週末は、絶景温泉をめぐる旅、いかがですか？

「温泉」の定義
地中から湧き出る温水、鉱水及び水蒸気その他のガス（炭化水素を主成分とする天然ガスを除く）で、以下のいずれかに当てはまること

① 源泉温度が25℃以上
② 19の温泉成分のうち一つ以上が規定量含まれている

（温泉法による規定）

馬曲温泉 望郷の湯

泉質　　　適応性
単純泉　　美肌効果、筋肉痛、冷え性など

アルプスを望む温泉で身も心も開放的に！

馬曲温泉 望郷の湯 🏠 長野県木島平村大往郷5567-1　＊JR飯山駅からタクシーで約15分。近隣に素泊まり専門の宿泊施設もあり。

標高700m地点にある入浴施設。泉質はシンプルながら、特徴はそのロケーション！ 開放的な露天風呂からは四季を通じて移り変わる北信州の山々が一望できます。ゆっくりつかって一日の空の移り変わりを楽しみました。豪雪地帯だけに、特に冬の光景が評判。新聞社による「雪景色が素晴らしい温泉」東日本No.1にも選ばれていますよ。

銀山温泉

泉質　　　　　　　　　適応性
ナトリウム—塩化物・硫酸塩温泉　皮膚病、切り傷、疲労回復など

大正ロマンあふれるノスタルジックな温泉街

しろがね湯 🏠 山形県尾花沢市銀山新畑地内 ＊JR大石田駅からはながさバス「銀山はながさ号」で約40分、終点下車、徒歩約5分。

江戸時代から温泉地として栄えた歴史ある温泉街。懐かしさを感じるガス灯が並ぶ川沿いに、レトロな温泉旅館が軒を連ねる光景が人気です。唯一ある公衆浴場「しろがね湯」は、隈研吾デザインのモダンな建物が特徴。ほんのり硫黄の香りがする熱めのお湯で体の芯までしっかり温まって、夜の雪景色の撮影に備えました。

番外編

ブルーラグーン

運がよければオーロラが！世界最大の露天風呂

ブルーラグーン 🏠 Norðurljósavegur 9, 240 Grindavík　＊ケプラヴィーク国際空港から車で約20分。事前予約制。 📍 bluelagoon.com/

活火山の多いアイスランドは温泉大国！ 中でも溶岩地帯に広がるミルキーブルーのお湯が目にも鮮やかなブルーラグーンは、世界最大の露天風呂として知られます。底に沈殿している白い泥はミネラルたっぷりで、フェイシャルパック用としても人気。水着着用必須＆お酒も飲めるので、お風呂というより温水プール感覚で楽しみました。

仙台市の定禅寺通で1986年から開催されているイベント。約160本のケヤキ並木が60万球もの電飾で彩られる。

絶景をめぐる旅α 宮城県

SENDAI 光のページェント

MIYAGI 絶景16 宮城

冬の夜の街に現れる光のトンネル。オレンジ色の灯りは心までそっと温めてくれます。
寒い時期だからこそ映える絶景を見に、東北へ。冬毛がかわいいキツネも待っています！

暖かな灯りに包まれる
ロマンチックな光の杜

RECOMMEND
- ☑ クリスマスに
- ☑ 週末旅向け

ベストシーズン **12**月中旬から下旬
SENDAI光のページェントが開催される。

予算 約**5**万円から

旅のコース

- ❶ 蔵王キツネ村
- ❷ SENDAI光のページェント
- ❸ 松島

SENDAI光のページェントは遅い時間のほうがすいてくるのでぜひ泊まりがけで。曜日によって終了時間が違うので公式サイトをチェック

たとえばこんな旅 ▶ 1泊2日

1日目 東京 → 新幹線で白石蔵王へ → タクシーで蔵王キツネ村❶へ、キツネとふれあう → タクシーと電車で仙台へ → 夕食にせり鍋を食べる → SENDAI光のページェント❷へ、鑑賞（仙台泊）

2日目 電車で松島❸へ、遊覧船で島めぐりを楽しむ → 電車で仙台へ、牛タンや「ずんだシェイク」などご当地グルメを満喫 → 新幹線で帰宅 → 東京着

詩歩'S COMMENT

12月の短い期間だけ開催される、仙台の冬の風物詩「SENDAI光のページェント」。1986年から続く歴史あるイルミネーションです。ギラギラした明かりではなく、ほんのり暖色系の色合いが、冬にぴったり。街中なので厚手の服を着ればそこまで寒くもなく、わたしは端から端まで歩いてしまいました。混雑もほどほどなのでゆっくり楽しめます。18・19・20時には一度すべて消灯してから一斉点灯するので、お見逃しなく！　「蔵王キツネ村」は、世界的にも珍しい"キツネの村に人間が入らせていただく"というコンセプトの動物園。なんと100頭以上のキツネが放し飼いにされていて、本当にかわいいんです♡　触ることはできませんが、トコトコと後を付いてきたり、道の真ん中で昼寝をしていたり。動物好きにはたまりません……！　日本三景の一つ「松島」は俳人・松尾芭蕉が『奥の細道』でも綴った風光明媚な地。太古の地殻変動でつくられた約260の島々を、遊覧船で楽しんで。

OVERVIEW THE TRIP
旅のアルバム

PLACE 1 蔵王キツネ村

キタキツネをはじめ、銀ギツネやプラチナギツネなど6種類100頭以上のキツネが放し飼いされています。噛まれてしまうこともあるため、勝手に触らないように注意。餌やりや抱っこ体験もできます。

餌やりは、キツネの放し飼いエリアの中央部にある「餌やり場」で。専用の餌を買って行きます。

PLACE 2 SENDAI 光のページェント

イルミネーションの中央を歩けるので、光に包まれながら散歩をしている気分。人が少ない消灯直前の時間帯もおすすめ。

「ピンク色の電球を見つけると幸せになれる」というジンクスも

春の七草・せりを根っこまで丸ごといただく「せり鍋」を初体験！

スヤスヤとお昼寝中……♡ キツネの自然体の姿を観察できるのも、キツネ村の楽しみ。

旅のアドレス

❶蔵王キツネ村
JR白石蔵王駅からタクシーで約25分　東北自動車道白石ICから約20分
白石市福岡八宮川原子11-3
zao-fox-village.com/

❷SENDAI光のページェント
地下鉄南北線勾当台公園駅下車すぐ　東北自動車道仙台宮城ICから約10分
仙台市青葉区(定禅寺通)
www.sendaihikape.jp/

❸松島
JR松島海岸駅下車すぐ　三陸自動車道松島海岸ICから約5分

 松島

みちのくを代表する名勝。伊達政宗が再建した五大堂をはじめ、瑞巌寺や円通院などの歴史的建造物が点在しています。遊覧船でのんびり島めぐりも乙なもの。

言わずとしれた仙台名物・牛タン。仙台駅でも食べられるので帰宅前に。

ずんだ(枝豆)シェイクも仙台駅の定番グルメ。さっぱり&やさしい味。

詩歩's POINT

SENDAI光のページェントが開催される定禅寺通は、勾当台公園駅近くは混雑していますが、離れるほど人が減るので、写真を撮るなら広瀬川方向へ。充分明るいので、三脚がなくてもOK。スマホでも撮影しやすいです。キツネ村は、冬毛がふわふわしている冬がおすすめです!

旅のメモ

●所要時間(東京駅→白石蔵王駅)
JR新幹線やまびこで約2時間。

●移動のコツ
白石蔵王駅から蔵王キツネ村までは路線バスがないため、タクシー移動を(片道4000円ほど)。帰りはキツネ村の方が呼んでくれるが、台数が少なく混雑時は時間がかかるため、スケジューリングに注意。

●おすすめの持ち物
気温が低いので、ダウンジャケットや厚手のコートなどの防寒着は必須。

●ホテル選びのポイント
SENDAI光のページェントは混雑するので、大きな荷物を預けてから訪れるのがベスト。仙台駅から会場最寄りの勾当台公園駅間に宿があると便利。また、会場である定禅寺通沿いのホテルは、部屋によっては上空からイルミネーションが見られるので、予約の際に確認しよう。

●ワンポイント
蔵王キツネ村では、場内で座り込まない(キツネが集まってくる)、ポケットを探ってガサガサと音をたてない(餌と勘違いされる)など、安全のためのルールが定められている。公式サイトで注意点を確認していこう。

2000年に開通した角島にかかる橋。日本屈指の1780mの長さを誇り、青く輝く海とのコントラストが美しい。

絶景をめぐる旅α 山口県

角島大橋
（つのしま）

南国の海と見間違えてしまいそうな、エメラルドブルーの海にかかる白い橋はまさに絶景！
ほかにも山口には鳥居のトンネルが見事な神社や日本最大級の鍾乳洞など、名所が満載。

エメラルドブルーの海に
まっすぐ伸びる1本道

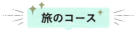
旅のコース

RECOMMEND
- ☑ 夏休みの旅に
- ☑ 家族旅行向け

ベストシーズン　夏
強い日差しを受けて、海がより鮮やかに青く輝く。

予算　約5.5万円から

❶角島大橋
❷元乃隅神社
❸秋芳洞
❹別府弁天池
西長門リゾート
秋吉台
山口
YAMAGUCHI 山口県
新山口
下関IC
下関
宇部

角島大橋の近くで宿をとれば夜景や朝の光景も気軽に楽しめます

たとえばこんな旅 ▶ 1泊2日

1日目　羽田 → 福岡 → 車で角島大橋❶へ、鑑賞＆角島観光 → ランチに瓦そばを食べる → 元乃隅神社❷へ、参拝 → 角島大橋の夜景を鑑賞（角島大橋泊）

2日目　角島大橋を撮影 → 車で秋芳洞❸や秋吉台、別府弁天池❹をめぐる → 福岡 → 羽田着

詩歩'S COMMENT

「角島大橋」がかかるのは、日本海と響灘が出会う海士ヶ瀬。初めて写真を見たときは「これが日本海……？」と驚きました。わたしが行ったのは夏も終わりの時期でしたが、向かう車中から見ても真っ青な海！　荒波が打ち寄せる日本海のイメージが崩れた瞬間でした。右、左、上、そしてビーチから大橋を堪能したら、角島へ。全長約2kmの大橋を、窓を全開にして、心地よい潮風を感じながら一気に渡りました。「元乃隅神社」は海外からも注目されている場所。鳥居も圧巻だけどユニークなのはお賽銭。なんと巨大な鳥居の上に賽銭箱があり、投げて入れるのです！　元バスケ部のわたし、ここは気合いが入ります。小銭が軽いので狙いづらかったものの、見事2投目でIN！　頑張ったんだから、願い事を叶えてくれないと困りますよ？（笑）　ほかにも日本有数の鍾乳洞「秋芳洞」は地球の歴史が感じられ、太陽光の屈折によって鮮やかな色が出現する「別府弁天池」は科学の原理が学べます。見所がギュッと詰まった山口へ、夏の自由研究をかねて訪れてはいかがですか？

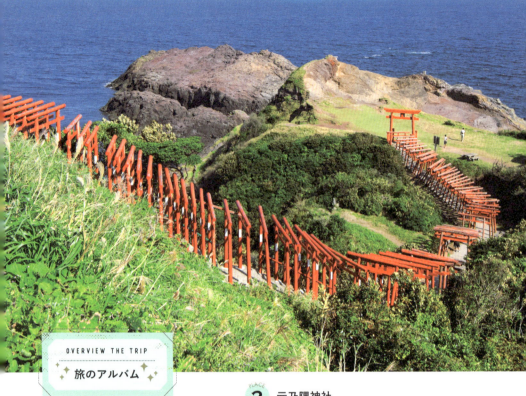

OVERVIEW THE TRIP
旅のアルバム

PLACE 1 角島大橋

景観の美しさからCMなどのロケ地としても人気の角島大橋。通行料無料の離島架橋としては日本屈指の長さを誇ります。撮影を楽しんだら角島までドライブして、海を渡る爽快感を感じて。

暗くなるとライトが灯り、刻一刻と表情を変えゆく夕空と相まって、昼間とはまたひと味違った姿を楽しむことができます。

PLACE 2 元乃隅神社

地元漁師の枕元に現れた、白狐のお告げにより建立されたそう。123基もの朱塗りの鳥居が、断崖上に100m以上連なる光景は圧巻の一言。2019年1月に「元乃隅稲成神社」から「元乃隅神社」に改称されています。

お賽銭箱が設置された裏参道の鳥居には、キツネの石像が。穏やかで愛らしい表情を浮かべています。

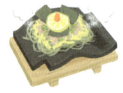

山口名物といえば「瓦そば」。熱した瓦に茶そばと錦糸卵、牛肉などをのせて熱々のつゆでいただきます。

PLACE 3 秋芳洞

日本最大級の鍾乳洞。見学コースは巨大石柱や鍾乳石など見所満載。途中にあるエレベーターで昇ると展望台があり、石灰岩柱が林立する秋吉台を眺められます。

秋吉台の売店で人気の夏みかんソフトクリーム。甘さ控えめでさっぱり!

PLACE 4 別府弁天池

「日本名水百選」に選ばれた、別府厳島神社境内にある湧水池。不思議なほど透き通ったコバルトブルーの水が神秘的。飲料水にも使われており、水汲み場もあり。

詩歩's POINT

p130の写真は、海士ヶ瀬公園駐車場から海の反対側へ少し歩いた丘の上から撮影。住宅街のため車は駐車場に停め、住民の方の迷惑にならないように鑑賞しましょう。ほかにも橋から角島まで一望できる見晴らしのよい展望台など、撮影スポットがたくさん。

旅のアドレス

❶角島大橋
JR特牛駅からブルーライン交通バス「滝部・特牛~角島」で約15分、ホテル西長門リゾート入口下車、徒歩約5分 中国自動車道下関ICから約1時間10分
下関市豊北町神田~角島

❷元乃隅神社
JR人丸駅または長門古市駅からタクシーで約20分 中国自動車道美祢ICから約1時間
長門市油谷津黄498

❸秋芳洞
JR新山口駅から防長交通バス「秋芳洞」行きで約40分、終点下車、徒歩約5分 小郡萩道路秋吉台ICから約5分
美祢市秋芳町秋吉

❹別府弁天池
JR美祢駅からタクシーで約20分 中国自動車道美祢ICから約25分
美祢市秋芳町別府水上

旅のメモ

●**所要時間(羽田空港→福岡空港)**
飛行機で約1時間50分。

●**移動のコツ**
路線バスが走っていない場所もあるため、移動はレンタカーが便利。今回のコースは、福岡空港でレンタカーを借りる想定。

●**おすすめの持ち物**
帽子や日よけ、ビーチサンダル(角島の海遊び用)。

●**ホテル選びのポイント**
角島大橋周辺に泊まるなら、すべての部屋から橋が眺められる「西長門リゾート」がおすすめ。人気のため、とくに観光シーズンは早めに予約をしよう。日本海を一望できる温泉露天風呂もあり、日帰り入浴も可能。

●**ワンポイント**
観光シーズンの角島大橋は、橋上で渋滞が発生することも。また、午後には逆光になってしまうので、よりよい絵をカメラに収めたいなら、車も少ない朝がベスト。

三豊市にある全長約1kmの海水浴場。干潮時に砂浜にできる潮だまりに空が反射して鏡のような光景が楽しめる。

絶景をめぐる旅α 香川県

父母ヶ浜
ちちぶがはま

水面に空が映る"鏡張り"の景色。実はウユニまで行かずとも、日本でも見られます！
話題の父母ヶ浜から小豆島のエンジェルロードまで、干潮時のみ見られる絶景をめぐる旅。

限られた瞬間に現れる
天空を映し出す魔法の鏡

RECOMMEND
- ☑ 女子旅に最適
- ☑ 干潮時限定

ベストシーズン **通年**
父母ヶ浜とエンジェルロードは干潮時刻を確認。

予算 約 **4.7**万円から

たとえばこんな旅 ▶ 1泊2日

1日目 羽田 → 高松 → バスを乗り継いで手打ちうどん はりやへ、讃岐うどんを食べる → 電車とバスでKAKIGORI CAFE ひむろ❶へ、名物かき氷を食べる → 父母ヶ浜❷の"鏡張り"の風景を鑑賞(高松泊)

2日目 高松港 → フェリーで小豆島へ → 車で道の駅 小豆島オリーブ公園❸へ、散策&ランチ → エンジェルロード❹を渡る → 迷路のまちを散策、405CAFEでエンジェルソフトを食べる → フェリーで新岡山港へ → バスで岡山駅へ → 新幹線で帰宅 → 東京着

詩歩'S COMMENT

日本人を含むアジア人は"鏡張り"の風景を好む傾向があるとか。南米のウユニ塩湖も、水が張る雨季に行くのはほぼアジア人で、大半の観光客は乾季に訪れます。理由は定かではないですが、そんな鏡張りの絶景で、今、日本でアツいのが香川の「父母ヶ浜」。瀬戸内海に面したビーチで、干潮時に風がなく、水面が波立たなければ、干潟に残った巨大な潮だまりに空が反射して、美しい鏡面世界になるんです。私は青空と夕陽のどちらも見たくて15時頃に到着。最初は曇り空だったものの、徐々にスッキリとした空になってくれました！日が傾き始め、刻一刻と変化する空模様を完璧に映し出す水面。上からも下からも沈み、やがて一つになる美しい夕陽を堪能しました。自然条件が合うと見られる絶景は、小豆島にもあります。1日2回、引き潮の時だけ現れる「エンジェルロード」は、手をつないで渡ると天使が願いを叶えてくれるという伝説があるそう。ぜひ大切な人と訪れてみて。「道の駅 小豆島オリーブ公園」では、映画『魔女の宅急便』の世界観を楽しめます！

OVERVIEW THE TRIP
旅のアルバム

PLACE 1 KAKIGORI CAFE ひむろ

日暮れまでは、おやつタイム。海を見渡せる店内で、地元産の果物を使った自家製シロップのかき氷がいただけます。旬の果物の季節限定フレーバーがおすすめ。

PLACE 2 父母ヶ浜

水面が波立つと鏡のようにきれいに映らないので、風の弱い日を狙って。夕陽の景色が美しいのは、日の入り前後約30分間のマジックアワー。

香川といえば強いコシと弾力性に富んだ讃岐うどん！行列必至の「はりや」をはじめ県内各所に名店あり。

詩歩's POINT

父母ヶ浜とエンジェルロードは、海の干満の差で出現します。干潮に合わせて行かないと見られないので、事前に関連サイトなどで干潮時刻の確認を。父母ヶ浜は、カメラを地面近くに構えて潮だまり越しの被写体を撮影すると、上下対称の写真が撮れます。

PLACE 3 道の駅 小豆島オリーブ公園

瀬戸内海を見下ろす丘にオリーブ畑が広がります。実写版『魔女の宅急便』のロケ地なので、「魔法のほうき」（貸出無料）にまたがって記念撮影を。レストラン「サン・オリーブ」でオリーブ半生そうめんも、ぜひ。

『魔女の宅急便』のロケセットがそのまま「雑貨コリコ」として営業中。手づくりアクセがかわいい！

PLACE 4 エンジェルロード

エンジェルロードが現れるのは最大干潮時刻の前後約3時間。潮の引き始めか満ち終わりに道が細くつながり、美しい！ 弁天島の「約束の丘展望台」から撮影すると、瀬戸内海とエンジェルロード全体が見渡せます。

エンジェルロード近くの「迷路のまち」は散歩に◎。「405CAFE」で翼形のクッキーがついたエンジェルソフトを。

旅のアドレス

❶ KAKIGORI CAFE ひむろ
🚃 JR詫間駅から三豊市コミュニティバス仁尾線「三豊総合病院」行きで約25分、父母ヶ浜下車すぐ 🚗 高松自動車道三豊鳥坂ICから約20分
※バスは月〜土曜（祝日除く）運行
🏠 三豊市仁尾町仁尾乙202
📍 www.facebook.com/kakigori.himuro/

❷ 父母ヶ浜
🚃 JR詫間駅から三豊市コミュニティバス仁尾線「三豊総合病院」行きで約25分、父母ヶ浜下車すぐ 🚗 高松自動車道三豊鳥坂ICから約20分
※バスは月〜土曜（祝日除く）運行
🏠 三豊市仁尾町仁尾乙203-3
📍 www.mitoyo-kanko.com/chichibugahama/

❸ 道の駅 小豆島オリーブ公園
🚃 土庄港から小豆島オリーブバス坂手線・南廻り福田線で約30分、オリーブ公園口下車、徒歩約5分 🚗 土庄港から約20分
🏠 小豆島町西村甲1941-1
📍 www.olive-pk.jp/

❹ エンジェルロード
🚃 土庄港から小豆島オリーブバス西浦線で約15分、国際ホテル（エンジェルロード前）下車すぐ 🚗 土庄港から約5分
🏠 土庄町銀波浦
📍 www.town.tonosho.kagawa.jp/kanko/

旅のメモ

● **所要時間（羽田空港→高松空港）**
飛行機で約1時間20分。

● **移動のコツ**
小豆島内は路線バスも走っているが、路線によっては本数が少ないため移動は車が便利。土庄港付近にレンタカーの店舗あり。

● **おすすめの持ち物**
父母ヶ浜は干潟。濡れてもいい靴や服装で。

● **ホテル選びのポイント**
小豆島行きのフェリーが出るのは、高松駅から徒歩約10分の高松港。2日目の朝イチから動けるよう、宿泊は高松駅付近のホテルがおすすめ。

● **ワンポイント**
3年に一度「瀬戸内国際芸術祭」が開催されるので、あわせて行くとより楽しめる（次回は2022年開催予定）。

都会のフォトジェニックスポット

SHIHO'S ANOTHER TRAVEL STORY

「絶景」は綿密な計画を立て、時間をかけて行くことも多く、ハードルが高いイメージがあるかもしれません。でも「フォトジェニック」なら都会の周辺にもいっぱい！ ここでは、知られざる美観スポットを3エリアからご紹介。今日の帰り道に行けるかも!?

1. PHOTOGENIC PLACES

東京から日帰りで行けるスポット
One Day Trip from Tokyo Selected by Shiho
東京のど真ん中からちょっと郊外まで幅広くセレクト

はむら花と水のまつり チューリップまつり
視界一面がカラフルに！

毎年4月頃、多摩川沿いの水田で開催されるイベント。約40万本60種類の様々なチューリップを楽しめます。
🏠 東京都羽村市羽中4など

東京ジャーミイ
日本最大のモスク。
荘厳な美しさに魅了される

アジア随一の美しさを誇るモスク（イスラム教寺院）。白を基調とした細やかな装飾は圧巻！ 随時見学可能です。
🏠 東京都渋谷区大山町1-19

晴海客船ターミナル
夕焼けとともに水面に映る、風のオブジェ

臨港広場にあるオブジェ「風媒銀乱」。潮風を受けて揺れる姿も、無風時に水面に反射する光景も魅力的です。
🏠 東京都中央区晴海5-7-1

AND MORE
ここもおすすめ！

階段から臨む東京タワー。有名な場所も撮り方次第で驚きの光景に。

東京タワー

話題の「天空のペンギン」。真下から見られる展示は世界初だそう。

サンシャイン水族館

1480年創建。1000体以上が出迎えてくれる、招き猫発祥の地。

豪徳寺

2. PHOTOGENIC PLACES
大阪から日帰りで行けるスポット
One Day Trip from Osaka Selected by Shiho

和を感じるスポットからアートまで多彩なラインナップ

正寿院
ハートに見えるのは、
日本伝統の"猪目"の形

約800年前に創建。客殿にあるハート型の猪目窓がかわいい！ 窓の景色が四季を通じて桜、新緑、紅葉、雪と変化するのも粋です。
🏠京都府宇治田原町奥山田川上149

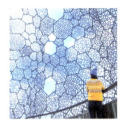

**自然体感展望台
六甲枝垂れ**
展望台も兼ねたアート作品

六甲ガーデンテラスにある総檜葺きの展望台。ヒノキのフレーム越しに太陽光等の自然を感じられます。夜にはライトアップも。
🏠兵庫県神戸市灘区六甲山町五介山1877-9

枚方T-SITE
大好きな本に囲まれる、
TSUTAYA発祥の地

京阪電気鉄道枚方市駅前にある複合商業施設。蔦屋書店のフロアでは高い壁一面に本がディスプレイされ、迫力ある光景が人気に。書店内にスタバも併設。
🏠大阪府枚方市岡東町12-2

3. PHOTOGENIC PLACES
福岡から日帰りで行けるスポット
One Day Trip from Fukuoka Selected by Shiho

大都会福岡も、少し足を伸ばすと自然がいっぱい！

宮地嶽神社
CMで話題！ 年2回しか
見られない「光の道」

約1700年前に創建。2月と10月の年2回、神社へ続く海道の真ん中に夕陽が沈み、道が赤く染まる光景が人気。鑑賞には整理券が必要。
🏠福岡県福津市宮司元町7-1

ヤシの木ブランコ
まるで南国のビーチ！
海に向かってす〜いすい

青い海に面して設置された、手づくり感あふれるブランコがとってもフォトジェニック！ 居酒屋「ざうお本店」の敷地内にあります。
🏠福岡県福岡市西区小田79-6

**のこのしま
アイランドパーク**
コスモスと青い海がコラボ

能古島にある公園。四季折々の花を楽しむことができ、秋には一面にコスモスが！ 島へは福岡市の姪浜渡船場からフェリーで約10分。
🏠福岡県福岡市西区能古島

茂原市にある広大な敷地の個人庭園。約300種、1万株以上のカラフルなあじさいが斜面一面に咲き誇る。

絶景をめぐる旅 α 千葉県

服部農園あじさい屋敷

東京の隣でアクセスしやすい千葉。実は自然豊かで絶景スポットもいっぱいあるんです。朝は広いあじさい庭園でゆっくりお散歩を。一緒に回りたい千葉の名所もご案内します。

都心から車で1時間
あじさいの穴場を発見！

RECOMMEND
- ☑ ふらっと日帰り
- ☑ ドライブ旅

ベストシーズン **6月上旬**から**7月上旬**

服部農園あじさい屋敷が開園。あじさいは例年6月中旬〜下旬が見頃。

予算 約**2.5万円**から

車移動前提の欲張りコース。朝早めに出発を！ 原岡桟橋は日中と夕方に訪れて空の変化を味わいます

たとえばこんな旅 ▶ 日帰り

1日目 東京 → 車で服部農園あじさい屋敷❶へ、あじさい鑑賞 → 鋸山❷へ、鋸山ロープウェーで山頂まで行き、地獄のぞきを体験 → 車で浜の台所「おさかな倶楽部」❸に移動し、ランチ → 原岡桟橋❹へ、青い海と桟橋の風景を鑑賞 → 道の駅とみうら枇杷倶楽部で休憩 → 夕方再び原岡桟橋へ、夕陽を撮影 → 車で帰宅 → 東京着

詩歩'S COMMENT

関東のあじさいの名所といえば鎌倉ですが、人気ゆえに大混雑で、ゆっくり鑑賞できないという悩みがありました。でも千葉の茂原市にある「服部農園あじさい屋敷」は、東京から行きやすいのにNo混雑！　ゆっくりあじさいが楽しめるし、花の密度感も抜群。カラフルなあじさいの海を歩きながら、写真を撮ったりハート形のあじさいを探したりしていたら、あっという間に時間が経ってしまいました。千葉にはほかにも見所がたくさん。雨が上がったら足を延ばしてみましょう。「鋸山（のこぎりやま）」は絶景ならぬ"絶叫"スポット！　元は石切場だった場所で、足場が垂直に切り取られた岩場「地獄のぞき」は足がすくむはず。日本一巨大な大仏（座像）も鋸山にあるので、旅の安全祈願も忘れずに。ロープウェーで山頂まで行けるので体力に自信がない人でも安心です。全国でも珍しい木製桟橋がノスタルジックな「原岡桟橋」は、ぜひ1日に2度訪れて欲しい場所。昼間もいいですが、夕暮れの時間帯や、ランプが灯る夜の景色も素敵。ぜひ時間を変えて訪れて、違いを楽しんで。

OVERVIEW THE TRIP
旅のアルバム

PLACE 1　服部農園あじさい屋敷

約1万8000㎡の敷地に、艶やかな赤色の「パリジェンヌ」や丸い花姿が愛らしい「アナベル」、八重咲きの「隅田の花火」などが咲き、360度あじさいのパノラマ！

PLACE 2　鋸山

天気がよければ富士山も見える！

標高約329mと低山ながら、のこぎりの歯のように険しい稜線が印象的。断崖が垂直に切り立つ「地獄のぞき」からの眺めは、意外と迫力あり！

PLACE 3　浜の台所「おさかな倶楽部」

岩井富浦漁協直営の食事処。刺身や揚げ物、煮付けなど漁師の奥さんお手製の料理がいただけます。

味もボリュームも大満足の漁師メシ！

PLACE 4 原岡桟橋

遠浅で波が穏やかな原岡海水浴場に架かる桟橋。海へ向かってまっすぐ伸びる姿がフォトジェニック。海の向こうには富士山を望み、気象条件が合えば年に2回、山頂に太陽がかかるダイヤモンド富士も見られます。

桟橋から徒歩12分ほどの「道の駅とみうら 枇杷倶楽部」でひと休み。特産のビワを使った商品がいっぱい！

日中もいいけれど、刻一刻と表情を変える夕空の下も味わい深い。日没後は電灯に光が灯り、ノスタルジックな雰囲気に。どの時間帯に訪れても楽しめます。

旅のアドレス

❶服部農園あじさい屋敷
JR茂原駅からタクシーで約10分。またはJR茂原駅南口から茂原市民バス・モバス「鶴枝」方面行きで約25分、三ヶ谷神社下車、徒歩約3分　首都圏中央連絡自動車道茂原長南ICから約15分
※バスは土・日曜、祝日は運休

🏠 茂原市三ヶ谷719
📍 ajisaiyashiki.la.coocan.jp/

❷鋸山
JR浜金谷駅から徒歩約8分、鋸山ロープウェー山麓駅へ。約4分で山頂駅着　富津館山道路富津金谷ICから約5分（鋸山ロープウェー山麓駅まで）

🏠 鋸南町鋸山
📍 www.mt-nokogiri.co.jp/（鋸山ロープウェー）

❸浜の台所「おさかな倶楽部」
JR富浦駅から徒歩約25分　富津館山道路富浦ICから約12分

🏠 南房総市富浦町多々良1254-75
📍 www.tairyou.com/chokuso.htm

❹原岡桟橋
JR富浦駅から徒歩約15分　富津館山道路富浦ICから約5分

🏠 南房総市富浦町原岡地先

旅のメモ

●**所要時間（東京駅→茂原駅）**
東京から茂原駅までJR総武線・外房線等で約1時間30分。車なら東京から茂原長南ICまで東京湾アクアラインなどを通って約1時間10分。

●**移動のコツ**
いずれも公共交通機関を使って行くことができるが、日帰りでこのコースをすべてめぐる場合は、車が必須。

●**おすすめの持ち物**
服部農園あじさい屋敷の斜面は滑りやすいので、汚れてもよい靴を履いていこう。

●**ワンポイント**
鋸山はロープウェーやハイキングのほか、登山自動車道（有料）を通って車で山頂付近まで行くことができる。南斜面にある日本寺の境内には日本一巨大な大仏や地獄のぞきなどがあり、1時間30分ほどの散策コースとなっている。

詩歩's POINT

服部農園あじさい屋敷は花畑の中に通路があるので、あじさいに囲まれた自撮り写真が撮れますよ。少し離れた場所からズームして撮ると、風景が圧縮されて花の密集感が出ます。原岡桟橋は、快晴時には桟橋の奥に富士山が望めるので、晴れ間のタイミングを狙って！

SHIHO'S FAVORITE DESTINATIONS
千葉の絶景旅プラン

まだまだある！

神秘の洞窟とお花畑をめぐる旅

濃溝の滝〜ごりやくの湯〜石神の菜の花畑〜マザー牧場

首をかしげると「♡型に」

神々しい朝日を見た後は菜の花畑で春を感じて

SNSがきっかけで一躍ブームとなった「濃溝の滝 A」。3月下旬と9月下旬の年2回見られる、亀岩の洞窟から朝日が射し込む光景が話題となりました。光芒が美しいのは早朝ですが、人気ゆえ混雑必至。撮影目的なら前夜から場所取り覚悟で行きましょう。3月なら、ちょうど見頃の花スポットにも立ち寄りたい！　まず、冷えた体を「ごりやくの湯 B」で癒やしてから、菜の花と鉄道のコラボが見られる「石神の菜の花畑 C」へ。小湊鐵道は本数が少ないので、時刻表を事前にチェック。「マザー牧場 D」には動物だけでなく、350万本が咲く菜の花畑もあります！

A 濃溝の滝 🏠君津市笹　＊洞窟から日光が差し込む風景は3、9月の彼岸の時期、晴天の日の早朝〜午前中に見られる。足下が濡れやすいので長靴で。

B 滝見苑けんこう村 ごりやくの湯 🏠大多喜町粟又ヤシウ176

D マザー牧場 🏠富津市田倉940-3

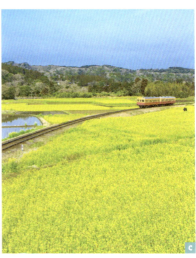

C 石神の菜の花畑 🏠市原市石神227付近　＊このコースを全部回るならレンタカーが必要。石神の菜の花畑は無料駐車場もあり。

美しい朝日に満天の星。春の花畑に秋の棚田。季節や時間ごとに魅力的な顔を見せてくれる千葉は、定期的に訪れたい！

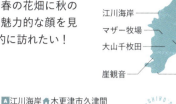

CHIBA

江川海岸 ── 石神の菜の花畑
マザー牧場 ── ごりやくの湯
大山千枚田 ──
崖観音 ── 濃溝の滝
　　　　　　 野島埼灯台

鏡張りのようになることも

🅰 江江海岸 🏠 木更津市久津間
🅱 野島埼灯台 🏠 南房総市白浜町白浜630　＊🅰🅱 ともに最寄り駅からやや遠いうえ、夕方〜夜間なのでレンタカーでの移動がおすすめ。

夕陽と星空 空の絶景旅
SHIHO'S PICK 2
江川海岸〜野島埼灯台

星空ベンチに座って 満天の星を独り占め！

夕陽スポットとして人気上昇中の「江川海岸🅰」は、海上に並ぶ送電用の電柱がノスタルジック。日没の時間を楽しんだら、房総半島の先端「野島埼灯台🅱」へ。東京の隣の千葉ですが、ここまで来ると夜は真っ暗。星空鑑賞に最適です。岬の先端にあるベンチに座れば、目の前は満天の星と海だけ！　波の音と潮風に包まれ、宇宙を感じる時間を味わって。

東京から一番 近い棚田へ！
SHIHO'S PICK 3
崖観音〜大山千枚田

🅰 崖観音 🏠 館山市船形835 🅱 大山千枚田 🏠 鴨川市平塚540　＊棚田のあかりなどの開催情報は鴨川市観光協会のサイトを確認して。
📍 www.chiba-kamogawa.jp/

美しい田園風景に灯る 暖かなオレンジの光

山の中腹に張りつくように立つ「崖観音🅰」は南房総のパワースポット。登ってお参りした後は、「大山千枚田🅱」へ。大小375枚の田んぼが斜面に連なる光景は、千葉とは思えない里山感。水が張られる春もきれいですが、おすすめは秋冬。「棚田のあかり」期間中は毎晩ライトアップが実施され、3日間限定の「棚田の夜祭り」では、さらに大掛かりな演出が！

1万個のLEDが灯ります

145

天竜浜名湖鉄道の無人駅。2015年に駅舎がリノベーションされ、北欧のテキスタイルで彩られた光景が人気に。

絶景をめぐる旅α 静岡県

絶景20 静岡

都田(みやこだ)駅

まるで北欧を訪れたような気分になれるエリアや、メルヘンの世界みたいな不思議な森。浜名湖や浜松城だけじゃない！ 浜松の最新フォトジェニックスポットをご紹介します。

浜松にマリメッコ!?
北欧ライフを体験しよう

RECOMMEND
- ☑ 穴場スポット
- ☑ フォトジェニック

ベストシーズン 通年
年中楽しめるが、冬は弁天島の鳥居越しに沈む夕陽が見られる。

予算 約 6.5万円 から

旅のコース

① ぬくもりの森
② 都田駅／駅Cafe（ドロフィーズキャンパス）
③ 星野リゾート 界 遠州
④ 弁天島海浜公園

むつ菊 助信店
浜名湖
浜松（浜松駅）
炭焼きレストランさわやか 浜松高塚店

時間に余裕があれば、日本三大砂丘の一つといわれる「中田島砂丘」に寄っても◎

たとえばこんな旅 ▶ 1泊2日

1日目 東京 → 新幹線で浜松へ → 車でぬくもりの森①へ、ランチや散策を楽しむ → 都田駅／駅Cafe（ドロフィーズキャンパス）②で北欧のような空間にひたる → 星野リゾート 界 遠州③にチェックイン、お茶のおもてなしを受け、夜は名物のうなぎを堪能（星野リゾート 界 遠州泊）

2日目 午前中 宿でゆっくり → 車で浜松へ、むつ菊で餃子ランチ → 弁天島海浜公園④へ、湖上鳥居を鑑賞 → 炭焼きレストランさわやかでハンバーグを食べる → 浜松へ → 新幹線で帰宅 → 東京着

詩歩'S COMMENT

我が地元、浜松へようこそ！ 観光大使に就任したのを機に、改めて回ってみると意外にも（？）魅力あふれる地域であることに気がつきました。イチオシはなんといっても都田エリア。北欧のライフスタイルを体験できる場所として、街全体がおしゃれにデザインされています。北欧テキスタイル好きなわたしは、壁一面マリメッコな「都田駅」に大興奮！ のんびり過ごせるのも気に入って何度も訪れています。浜名湖近くの「ぬくもりの森」は、SNSで「まるでジブリの世界」と話題。ここを手がけた建築家・佐々木茂良さんの建築ギャラリーも兼ねています。市内には佐々木さんが創業したぬくもり工房がデザインした住宅やお店もたくさんあるんですよ。宿泊は静岡のお茶文化が堪能できる「界 遠州」へ。舘山寺温泉や浜名湖の眺望も楽しんでくださいね。弁天島では、冬至の前後に鳥居の中心に夕陽が沈む光景が見られます。昼もきれいだけど、この時期に訪れるなら夕方に！ それ以外にも浜松餃子やさわやかのハンバーグなど……ああ語り尽くせない！

OVERVIEW THE TRIP
旅のアルバム

PLACE 1 ぬくもりの森

浜松の建築会社ぬくもり工房が、「こんな場所があったら」とコツコツつくりあげた空間が、SNSで一躍有名に。小さな森に点在する不思議でかわいらしい空間は、おとぎの国のよう。ゆっくりと散歩しながらこの世界観を味わって。

中世ヨーロッパを思わせる建物には、レストランやジェラテリア、雑貨店などが入居しています。

駅周辺にも、ガーデンや宿泊施設など北欧を感じられるスポットが点在！

PLACE 2 都田駅／駅Cafe（ドロフィーズキャンパス）

ドロフィーズキャンパスは「北欧・スローライフ」などがテーマの複合施設。最寄りの都田駅の駅舎もリノベーションされ、「駅Cafe」として再生。北欧デザイン好きにはたまらない空間に。

詩歩's POINT

古材を活かしたデザインがおしゃれな都田駅。無人駅なので切符がなくても入れます。コーヒーや手づくりクッキーを楽しめる「駅Cafe」は営業日が限られているので事前にチェックを。弁天島の鳥居は、冬の夕方はカメラマンで混雑するので早めにベスポジを確保！

PLACE 3 星野リゾート 界 遠州

全室から浜名湖を一望！ 茶香炉から漂う心地よい香りに包まれた館内では、茶葉のブレンド体験ができるなど、日本一のお茶処ならではのおもてなしが魅力。

円型焼き＆茹でもやしを載せるのが浜松餃子の特徴。助信駅近くの「むつ菊」は予約必須の名店です！

PLACE 4 弁天島海浜公園

園内はヤシの木が立ち、南国ムード満点。湖上に立つ高さ約18mの赤鳥居は、弁天島のシンボル。暖かい時期には渡し船で鳥居の立つ干潟に渡ることもできます。

静岡にしかない「炭焼きレストランさわやか」。げんこつハンバーグが大好き♡

旅のアドレス

① ぬくもりの森
🚃 JR浜松駅から遠鉄バス「舘山寺温泉」行きで約40分、すじかい橋下車、徒歩約5分
🚗 東名高速道路浜松西ICから約10分
🏠 浜松市西区和地町2949
🌐 www.nukumori.jp/

都田駅／駅Cafe（ドロフィーズキャンパス）
🚃 天竜浜名湖鉄道都田駅下車
🚗 東名高速道路浜松西ICから約25分
🏠 浜松市北区都田町5563-21
🌐 dlofre.jp/cafe-restaurant/eki-cafe/

③ 星野リゾート 界 遠州
🚃 JR浜松駅から遠鉄バス「舘山寺温泉」行きで約50分、浜名湖ベイストリート下車すぐ（浜松駅から送迎あり） 🚗 東名高速道路浜松西ICから約10分
🏠 浜松市西区舘山寺町399-1
🌐 kai-ryokan.jp/enshu/

④ 弁天島海浜公園
🚃 JR弁天島駅から徒歩約3分
🚗 東名高速道路浜松西ICから約30分
🏠 浜松市西区舞阪町弁天島3775-2

旅のメモ

●所要時間（東京駅→浜松駅）
JR新幹線ひかりで約1時間30分。

●移動のコツ
浜松駅からレンタカーが便利だが、スポットを絞れば公共交通機関でも回れる。マリメッコの生地でつくられたカーテンやヘッドレストカバーがキュートな天竜浜名湖鉄道の限定列車「スローライフトレイン」に乗って、都田駅まで行くのもいい。運行日時が限られているので、必ず事前に確認を。

●ホテル選びのポイント
浜松駅か舘山寺温泉、弁天島温泉周辺が便利。

●ワンポイント
春から初夏に訪れるなら全国的に有名な「浜松まつり」が開催されるGWがおすすめ。工場見学ができる「うなぎパイファクトリー」も人気。

十日町市松代にある約200枚の田んぼが広がる棚田。春と晩秋には水が張られ、水鏡が空を映し出す光景が美しい。

絶景をめぐる旅α 新潟県

星峠の棚田

刻々と色を変える空を映し出す早朝の棚田は、自然がつくり出す魔法の風景。
さらに新緑や峡谷が楽しめるスポット、温泉など自然を体感できる場所もめぐります。

日本に生まれてよかった！
守りたい日本の原風景

---- RECOMMEND ----

☑ 大自然を満喫
☑ 早起きは三文の徳

ベストシーズン　春
雪が消え、田んぼの水鏡と雲海が美しい。

予算　約4.5万円から

早朝撮影するなら車が便利。十日町駅からレンタカーを借りると移動しやすい！

たとえばこんな旅▶1泊2日

1日目	東京 → 新幹線で越後湯沢へ → 電車で十日町へ → 車で美人林❶へ、散策 → 清津峡❷へ、トンネルで撮影 → 昼食にへぎそばを食べる → 星峠の棚田の下見へ、撮影場所などチェック → 松之山温泉／ひなの宿 ちとせ❸へ、温泉を楽しむ（ひなの宿 ちとせ泊）
2日目	早朝、車で星峠の棚田❹へ、棚田と雲海を鑑賞 → お土産にアスパラガスを購入 → 十日町へ → 電車で越後湯沢へ → 新幹線で帰宅 → 東京着

詩歩'S COMMENT

山の斜面に階段状に広がる棚田は「日本に生まれてよかった〜！」と叫びたくなるような光景。中でも絶景として名高い「星峠の棚田」を訪れたのは、6月上旬でした。狙うは、朝焼けと雲海も見られる早朝。前日から新潟入りして備えます。自然美とアートが融合した"パノラマステーション"が話題の「清津峡」や、すっと伸びたブナ林が美しい「美人林」を散策したのち、星峠の棚田の下見へ。山の上の展望所から見下ろすことに決定。夜は日本三大薬湯の「松之山温泉」でリラックス……と言いたいところですが、お湯が熱いので注意！　お湯をかき混ぜて冷ましながら浸かると、体の芯から温まります。そして当日。暗いうちに宿を出て星峠の棚田へ。早朝でも人がたくさん来ています。徐々に周囲が明るくなると、前日降った雨のおかげで見事な雲海が発生！　日が昇るにつれ、空の色が淡い紫からオレンジ、そして黄へと移り変わり、水田も空の色を完璧に反射します。あっという間でしたが、自然がつくり出す色の美しさと儚さを目の当たりにした瞬間でした。

OVERVIEW THE TRIP
旅のアルバム

PLACE 1 美人林

約3万㎡にわたり樹齢約100年のブナの木が生い茂っています。幹の太さや高さが整っていて、立ち姿が美しいことが名の由来。木の幹に耳を当てると、水を吸い上げているような音が聞こえる！

PLACE 2 清津峡

マ・ヤンソン／MAD アーキテクツ「Tunnel of Light」（提供：(一社)十日町市観光協会）

峡谷の風景が水鏡と内壁に反射するパノラマステーションは注目のスポット

日本三大峡谷のひとつ。清津川を挟んでそびえ立つ柱状節理の断崖がダイナミック！「大地の芸術祭」の作品としてリニューアルした清津峡渓谷トンネルからの眺めも要チェック。

強いコシとツルツルの食感！

つなぎに、布海苔という海藻を使った「へぎそば」は必食。

詩歩's POINT

棚田の水鏡と雲海の光景は早朝に見られます。日の出前には現地に到着しておくこと。寒暖差があって湿度が高く、無風だと雲海発生の確率が高いです。なお、田んぼは私有地。あぜ道に入る等の迷惑行為は絶対NG。地元の方を尊重して鑑賞させていただきましょう。

PLACE 3 松之山温泉／ひなの宿 ちとせ

明治期創業の老舗宿。美肌効果に優れる薬効豊かな湯を、源泉掛け流しの露天風呂で楽しめます。松之山産の棚田米をはじめ地元素材を使った里山料理も絶品！

棚田米の重湯ベースのスープで地元食材を煮込んだ名物「棚田鍋」は、やさしい味わい。

PLACE 4 星峠の棚田

夕陽や星空の時間帯も人気ですが、雲海が発生する早朝の光景は幻想的な美しさ。星峠の棚田の展望台は3箇所あるので、歩き回ってお気に入りの場所を探そう。

お土産は柔らかくて甘〜いアスパラガス

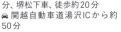

旅のアドレス

❶美人林
🚃 北越急行まつだい駅から東頸バス「松之山温泉」行きで約15分、堺松下車、徒歩約20分
🚗 関越自動車道湯沢ICから約50分
🏠 十日町市松之山松口1712-2付近

❷清津峡
🚃 JR越後湯沢駅から南越後観光バス「森宮野原駅前（急行）」行きで約25分、清津峡入口下車、徒歩約30分 🚗 関越自動車道塩沢石打ICから約25分
🏠 十日町市小出

❸ひなの宿ちとせ
🚃 北越急行まつだい駅から東頸バス「松之山温泉」行きで約25分、終点下車、徒歩約3分（まつだい駅から送迎あり） 🚗 関越自動車道塩沢石打ICから約50分
🏠 十日町市松之山湯本49-1
🌐 chitose.tv/

❹星峠の棚田
🚃 北越急行まつだい駅からタクシーで約20分 🚗 関越自動車道六日町ICから約1時間
🏠 十日町市峠
※カーナビは十日町市峠1513で設定

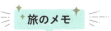

旅のメモ

●**所要時間（東京駅→十日町駅）**
東京から越後湯沢駅までJR上越新幹線で約1時間20分、越後湯沢から十日町駅までJR及び北越急行ほくほく線で約35分。

●**おすすめの持ち物**
雲海が出る朝は冷えるため防寒着を。

●**ホテル選びのポイント**
絶景を楽しむなら、2000m級の山々を望む露天風呂が自慢の「里山十帖」もおすすめ。

●**ワンポイント**
雲海が発生しやすい時期の棚田周辺は、夜から混雑することも。早めの到着を心がけよう。水鏡が見られるのは、雪どけ後の5月〜6月上旬までと、11月上旬から積雪前。毎年時期は変わるのでSNS等でチェックを。

まだまだある!

SHIHO'S FAVORITE DESTINATIONS
新潟の絶景旅プラン

SHIHO'S PICK 1 アートを体感する夏の旅
[大地の芸術祭]

草間彌生さんらしい水玉!

3年に一度開花する大地に咲くアートの華

3年に一度、越後妻有エリア(十日町市・津南町)で開催される「大地の芸術祭」。街中に数百ものアート作品が点在するので、作品を探しながらめぐるのが楽しい! 中には風景を借景にした作品も多く、「こうやって見るのか!」と驚きの連続です。「花咲ける妻有 A 」「農舞台 B 」はともに常設展のため、芸術祭の期間以外でも見ることができます。

A B 大地の芸術祭 🏠 十日町市・津南町 ＊「花咲ける妻有」、「農舞台」ともにJRまつだい駅近く。ほかにも多くの作品を見たいなら車で回るのがおすすめ。

音楽と共に打ち上がる花火

SHIHO'S PICK 2 冬でもアートを体験できる!
[越後妻有 雪花火]

豪雪地帯だから楽しめる冬の夜空を彩る雪花火

大地の芸術祭は夏ですが、冬にも1日限定の「越後妻有 雪花火 A 」が開催されます。"光の種 B "と呼ばれるカラフルなライトが無数に灯る雪原と、花火のコラボレーションを鑑賞できるイベントで、光の種は入場者がまくことができるんです! 間近で見る花火は大迫力。自分も作品の一部に参加できた高揚感と相まって、特別な気分に浸れます。

A B 越後妻有 雪花火 🏠 新潟県十日町市珠川(あてま高原リゾートベルナティオ) ＊開催情報は十日町市観光協会サイトを確認。 📍 www.tokamachishikankou.jp/

新潟は「大地の芸術祭」をはじめ、花火大会など魅力的なイベントが盛りだくさん。
五感をフル稼働して景色を味わって。

長岡まつり
大花火大会
大地の芸術祭
魚沼の里
NIIGATA
越後妻有
雪花火
つなん雪まつり

視界に収まらないほど！

🅐🅑 長岡まつり大花火大会 🏠長岡市長生橋下流 信濃川河川敷　＊JR長岡駅から徒歩約30分。例年大会当日は渋滞するので、車で行く場合は時間に余裕を持って。

3 SHINO'S PICK
平和を願う大花火の夜
［長岡まつり大花火大会］

思わず涙がこぼれ落ちる感動の演出は必見！

「長岡まつり大花火大会🅐」は、戦没者の慰霊、平和への願いが込められた大会で、信濃川河川敷🅑で毎年8月2・3日開催。目玉作品の「フェニックス」は、平原綾香さんの楽曲『Jupiter』に合わせ、約2kmに渡り花火が打ち上げられます。感動的な演出に思わず涙……。混雑を避けるために有料席の抽選申込がおすすめ。撮影用のカメラ席もあります。

4 SHINO'S PICK
雪上を舞うランタンに感動
［魚沼の里〜つなん雪まつり］

日本でも体験できる！
ディズニー映画の世界

新潟は日本有数の豪雪地帯。銘酒「八海山」を製造する八海醸造の施設「魚沼の里🅐」で、雪を利用した貯蔵庫「雪室」を見学し、併設のカフェなどをめぐったら、「つなん雪まつり🅑」へ。夜には数千個のスカイランタンを打ち上げるイベントが開催されます。ふわふわ舞うランタンはとっても幻想的！　打ち上げに参加するなら事前にチケットの購入を。

🅐 魚沼の里 🏠南魚沼市長森459
🅑 つなん雪まつり 🏠津南町秋成12300（ニュー・グリーンピア津南）＊開催情報は公式サイトを確認。
📍snowfes.info/

夜空に輝くランタンが素敵

詩歩の絶景相談室 日本編
SHIHO'S RECOMMENDATTION　　A GUIDE TO FIND PLACES

こんな絶景ありますか？

ESCAPE!

Q1
仕事でストレスだらけ……
どこかへ現実逃避したい！

最果ての楽園
小笠原諸島で
デトックスを！

片道24時間かけた人だけが行ける小笠原。わかりやすい観光地はないけれど、手つかずの自然を全身で感じ、ゆっくりと流れる島時間に触れたら、身も心も浄化されるはず。

小笠原諸島　（東京都）

本州から約1000km南にある大小30余りの島々。固有種が数多く生息することから「東洋のガラパゴス」と称され、世界遺産にも登録された。交通手段は片道24時間の船のみ。上の写真は南島の扇浜で撮影。

Cold!

Q2
冬にしかできない
極寒体験に挑戦してみたい！

冬の時季だけ
湖上に現れる
幻の村へどうぞ

しかりべつ湖コタン　（北海道）

毎年1〜3月に、全面氷結した然別湖上に現れる"幻の村"。氷のブロックを積み上げてつくるアイスバーやアイスロッジなどの施設でユニークな体験ができる。コタンはアイヌ語で「村」のこと。 kotan.jp/

この村の地面は、なんと凍った湖！建物の柱からグラスに至るまで、凍った湖水を切り出して手づくりされているんです。氷のグラスで飲むお酒はキーンと冷たいけど格別です♡

もちろん国内だって、ユニークな旅先はたくさんあります！ 毎週国内のあちこちを旅している詩歩が、みなさまのご希望にぴったりな場所をご提案します。体験型の旅行が注目されている昨今。最初に場所ありきではなく、「こんなことがしたい！」からスタートする旅、おすすめです。

Q3 思わず涙が出るような感動的な夕陽が見たい！

下灘駅 （愛媛県）

JR予讃線の無人駅。かつての"日本一海に近い駅"で、ホームからは目の前で瀬戸内海に沈む夕陽を望める。季節により太陽の沈む方向が異なり、景色も変化する。ポスターや映画などのロケ地としても人気。

海が目の前！ホームから見る夕陽は幻想的

47都道府県をめぐった中で暫定日本一はここ！ 水平線に沈む太陽は、線香花火の火球のように輪郭が真ん丸でオレンジ色。ノスタルジックな駅舎も相まって感動的な光景でした。

Q4 雨や猛暑の日でも楽しめる場所ってある？

まるで古代神殿！平均気温8℃で、1年中涼しい！

大谷石地下採掘場跡 （栃木県）

1919〜1986年まで大谷石の採掘場だった場所。戦時中、地下の秘密工場として利用された歴史も。現在は大谷資料館として一般に公開されているほか、コンサートや美術展なども開催。 📍www.oya909.co.jp/

採石場と聞いて侮るなかれ。誰もがその地下空間の広大さに驚くはず。広さは約2万㎡にも及び、野球場が一つ収まってしまうくらい。ヒンヤリしているので特に夏におすすめ。

もっと、旅に出たくなる

Profile

詩歩（Shiho）
「死ぬまでに行きたい！世界の絶景」プロデューサー

1990年生まれ。静岡県浜松市出身。早稲田大学卒。
運営するFacebookページ「死ぬまでに行きたい！世界の絶景」が70万以上のいいね！を獲得し、話題に。書籍も累計63万部を超え、"絶景"は流行語大賞にもノミネートされた。現在はフリーで活動し、旅行商品のプロデュースや地方自治体の観光アドバイザーなどを行っている。静岡県観光特使・浜松市観光大使。

Blog　　　　http://shiho.me
Instagram　　https://instagram.com/shih0107/
Twitter　　　https://twitter.com/shiho_zekkei
Facebook　　https://www.facebook.com/sekainozekkei
WEB Site　　https://zekkei-project.com/
Contact　　　contact@zekkei-project.com（お仕事の問い合わせはこちら）

死ぬまでに行きたい！世界の絶景　ガイド編

2019年9月25日　発行

著　者　　詩歩
発行人　　塩見正孝
編集人　　及川忠宏
発行所　　株式会社三才ブックス
　　　　　〒101-0041
　　　　　東京都千代田区神田須田町2-6-5
　　　　　OS85ビル3F
　　　　　電話 03-3255-7995（代表）
　　　　　FAX 03-5298-3520

印刷・製本　　株式会社山田写真製版所
プリンティングディレクター
　　　　　村田治作（株式会社山田写真製版所）
協　力　　板倉利樹（株式会社山田写真製版所）
デザイン　　平塚兼右、平塚恵美（PiDEZA Inc.）
本文組版　　矢口なな、新井良子、長谷愛美
　　　　　（PiDEZA Inc.）
イラストレーション
　　　　　鈴木みの理
編　集　　野田りえ　稲葉美映子

ISBN978-4-86673-141-4

Special Thanks

「死ぬまでに行きたい！世界の絶景」の
　ファンのみなさま
Madoka Iwasaki
Asami Sawa
Rika Shimomiya

写真提供

PIXTA

P22　Science Source ／アフロ
P29　髙橋暁子／アフロ
P63　Christof Sonderegger ／アフロ
P85　アフロ
P91　アフロ
P121　田上明／アフロ
P118　岩本圭介／アフロ

Ronnie Chua ／ Shutterstock.com
Blue Planet Studio ／ Shutterstock.com
wolfmaster13 ／ Shutterstock.com
NiarKrad ／ Shutterstock.com
Jens Ottoson ／ shutterstock.com

iStock ／ DenisTangneyJr
iStock ／ tobiasjo
iStock ／ S. Greg Panosian
iStock ／ Gfed

本書の無断複写は、著作権法上の例外を除いて禁じられております。
定価はカバーに表記してあります。
乱丁本、落丁本につきましては、お手数ですが弊社販売部までお送りください。
送料弊社負担にてお取り替えいたします

©Shiho 2019 Printed in Japan